Eine Hand voll **Kräuter**

Lifestyle

BUSSE SEEWALD

Barbara Segall   Louise Pickford   Rose Hammick

Eine Hand voll Kräuter

Anregende Ideen für den Kräutergarten, Dekorationen und leckere Rezepte

mit Fotos von Caroline Arber und William Lingwood

Idee, Konzept und Text: Barbara Segall, Louise
Pickford and Ryland, Peters & Small 2001, 2005
Design, Illustrationen, Fotos: Ryland, Peters & Small;
Foto S. 41 unten © Jonathan Buckley
Übersetzung: Wiebke Krabbe, Damlos
Programmleitung & Produktmanagement: Susanne
Klar, Melissa Brosig
Druck & Bindung: C&C Offset Printing Co., Ltd.,
China

© Lifestyle BusseSeewald in der frechverlag GmbH
Stuttgart, 2013

Die englische Originalausgabe erschien unter dem
Titel „A handful of herbs" bei Ryland Peters &
Small Ltd.

1. Auflage 2013

ISBN: 978-3-7724-7349-4 • Best.-Nr. 7349

**Ätherische Öle sollten niemals unverdünnt
verwendet oder ohne ärztlichen Rat eingenommen werden. Autorin und Verlag können
keine Verantwortung für Beschwerden durch
den Gebrauch ätherischer Öle übernehmen.**

Inhalt

Einleitung

Jeder von uns empfindet seinen Garten als persönliches Paradies, doch der Kräutergarten hat einen ganz besonderen Zauber. Kaum etwas kann sich mit dem sinnlichen Vergnügen messen, das aufkommt, wenn man im Vorbeigehen einen Lavendelstrauch streift oder über einen Weg aus Thymian oder Kamille spaziert. Und dieser Zauber beschränkt sich nicht allein auf den Garten. Wir können die Kräuter ins Haus holen und frisch in der Küche verwenden. Wir können sie trocknen, einfrieren oder durch anderweitig konservieren. Manche eignen sich für Potpourris oder parfümieren und dekorieren die Wohnung, wieder andere bieten sich für aromatische Bäder oder sanfte Körperpflegemittel an.

Schon vor Jahrhunderten haben Gärtner vermutlich durch Probieren herausgefunden, welche Kräuter gefahrlos für Küchen- und Heilzwecke verwendbar sind. Im Lauf der Geschichte haben auch Eroberer und Reisende Kräuter und andere nützliche Pflanzen mitgebracht. Anfangs schätzte man die Kräuter hauptsächlich wegen ihrer Heilwirkungen. In der westlichen Welt ist die medizinische Verwendung von Kräutern bereits seit dem 1. Jahrhundert dokumentiert, als der griechische Arzt Dioscorides in seinem Buch De Materia Medica, einem der ersten Kräuterbücher der Welt, die Wirkungen von mehr als 500 Pflanzen beschrieb.

Die meisten Menschen denken bei dem Begriff »Kräuter« zuerst an Würzpflanzen für die Küche. Tatsächlich umfasst der Begriff aber auch Bäume, Sträucher, Einjährige, Zweijährige und Stauden, die einen kulinarischen, aromatischen, medizinischen oder kosmetischen Nutzen haben. Obendrein sind viele von ihnen auch sehr dekorative Gartenpflanzen. Von manchen Kräutern verwendet man Blätter oder Blüten, von anderen die Samen oder Wurzeln, von manchen sogar alle Teile.

LINKS **Eine Zierform der Schafgarbe bringt mit ihren leuchtend rosa Blüten Farbe in den Kräutergarten.**

Barbara Segall

Kräuter-Klassiker

BASILIKUM
Ocimum basilicum

In der Volkskunde ist seine Heilwirkung schon
lange bekannt, aber Basilikum ist auch ein
beliebtes Würzkraut, das vor allem in der
Küche Asiens, Frankreichs und Italiens eine
wichtige Rolle spielt.

Am besten schmeckt Basilikum frisch gepflückt,
doch kann man die Blätter auch im Ganzen oder
als zubereitete Sauce einfrieren. Im Salat harmoniert es gut mit Tomaten, außerdem ist es die
Hauptzutat der beliebten Nudelsauce Pesto. Pizza,
Geflügel und Lammfleisch bekommen durch
Basilikum eine pikante Note.

Es gibt mindestens 13 verschiedene Basilikum-
arten, die sich in Blattform, Farbe, Textur, Größe
und Geschmack unterscheiden. Die Duftnuancen
reichen von Anis über Zimt bis zum süßlichen
Gewürznelkenaroma des großen, grünen
Basilikum, das bis zu 45 cm hoch werden kann.

O. basilicum 'Purpurascens' hat violette Blätter
und rosa Blüten. *O. basilicum* 'Citriodorum'
besitzt grüne Blätter mit Zitronenduft und weiße
Blüten. Anis-Basilikum hat blass rosa Blüten und
einen kräftigen Anisgeschmack. Die winzigen
Blätter des griechischen Basilikum, das zu einem
kleinen Busch heranwächst, besitzen das inten-
sivste Aroma.

Pflanzen Sie Basilikum im Sommer, wenn jegliche Frostgefahr vorüber ist, in den Kräutergarten
oder in Kübel im Freien. Im Garten bevorzugt es
einen geschützten, sonnigen Platz mit durchlässigem Boden. Im Kübel muss es bei Trockenheit
regelmäßig gegossen werden.

Traditionell wird Basilikum als Kräutertonikum
und zur Förderung der Verdauung eingesetzt.
Auch in der Aromatherapie spielt es eine Rolle.

LORBEER
Laurus nobilis

In der griechischen und römischen
Antike bekränzte man Sieger und
bedeutende Persönlichkeiten mit Lorbeer.

Die dunkelgrün glänzenden Blätter gehören unbe-
dingt ins *bouquet garni*, das klassische Kräuter-
sträußchen. Lorbeer eignet sich aber auch zum
Aromatisieren von Süßspeisen, vor allem von
Milchreis und anderer Milchspeisen. Das zarte
Aroma entfaltet sich am besten, wenn man den
Lorbeer in der heißen Milch etwas ziehen lässt,
ehe die anderen Zutaten zugegeben werden.

Lorbeer ist ein immergrüner Baum mit würzig
duftenden, glänzenden Blättern, der bis 12 Meter
hoch werden kann. Er wächst jedoch sehr langsam und lässt sich vor allem im Kübel gut im
Zaum halten. Man kann ihn zu geometrischen
Formen schneiden oder als eleganten Hochstamm
ziehen.

Kaufen Sie junge Pflanzen und setzen Sie sie im
Frühling oder Herbst in nahrhaften, gut durchlässi-
gen Boden. Lorbeer bevorzugt volle Sonne, verträgt
aber auch leichten Schatten. Kübelpflanzen und
Jungpflanzen müssen mit Stroh, Luftblasenfolie oder
Sackleinen vor Frost geschützt werden. Erfrorene
Triebe werden im Frühling zurückgeschnitten. Die
Blätter können ganzjährig nach Bedarf frisch ge-
erntet werden.

L. nobilis 'Aurea' sorgt mit seinen goldgrünen
Blättern für einen interessanten Farbkontrast im
Kräutergarten. *L. nobilis* 'Angustifolia', der weiden-
blättrige Lorbeer, ist eine besonders attraktive
Kübelpflanze.

Ein Aufguss aus Lorbeerblättern wird zur Anregung
des Appetits und der Verdauung getrunken.

KAMILLE
Chamaemelum nobile

**Tritt man auf die Blätter oder zerreibt sie
zwischen den Fingern, setzen sie ihren intensiven, an Ananas erinnernden Duft frei.**

Diese immergrüne, winterharte Staude hat zier-
liche Blüten, die an Gänseblümchen erinnern,
fein geschnittenes Laub – und einen atembrau-
benden Duft. Wegen ihrer heilenden und beruhigenden Eigenschaften wird die Kamille in
Kosmetika, Heilsalben und anderen Rezepturen
häufig eingesetzt. Aus den getrockneten Blüten
lässt sich ein entspannender Aufguss zubereiten,
als Würzkraut wird die Kamille jedoch nicht verwendet. Die kriechende, nicht blühende
Rasenkamille verträgt gelegentliches Betreten

und eignet sich daher gut für einen kurzen Weg
oder den Platz unter einer Bank.

Kamille kann bis zu 20 cm hoch werden und
gedeiht am besten in leichtem, durchlässigem
Boden in voller Sonne. Kamillenwege müssen
frei von Unkraut gehalten werden, welches die
anderenfalls leicht verdrängen kann.

Die nicht blühende Englische Rasenkamille *C.
nobile* 'Treneague' eignet sich ausgezeichnet als
duftender, begehbarer Bodendecker. Aufrechte
Kamille mit den weißen Strahlenblüten pflanzt
man ins Beet. Die Blüten können frisch oder
getrocknet verwendet werden. Die gefüllt blühende Sorte *C. nobile* 'Flore Pleno' sieht besonders reizvoll aus. Auch aus ihren Blüten lässt sich
ein beruhigender Tee bereiten.

Die einfachen und ungefüllten Blüten der aufrechten Kamille werden in der traditionellen
Heilkunde für Gesichtsdampfbäder und Haar-
spülungen verwendet. Heißem Badewasser ver-
leihen sie einen beruhigenden, entspannenden
Duft. Getrocknete Kamillenblüten und -blätter
können auch für ein Potpourri verwendet
werden.

KERBEL
Anthriscus cerefolium

Kerbel wird in Frankreich geschätzt, wo man ihn gern für Omelettes verwendet. Auch in der traditionellen Mischung *fines herbes* darf er nicht fehlen.

Kerbel ist ein erfrischendes Salatkraut, aber mit seinen würzigen, hübschen Blättern auch eine köstliche Salatdekoration. Sein zarter Geschmack passt gut zu Eiern, Geflügel und Frischkäse. Am besten schmeckt er frisch, doch man kann die Blätter auch in Eiswürfelformen einfrieren.

Kerbel ist eine winterharte, einjährige Pflanze mit hübschen, farnähnlich gefiederten Blättern und kleinen, weißen Blüten im Sommer. Er wird etwa 30 cm hoch und bevorzugt einen schatti-gen Platz in leichtem, durchlässigem Boden. Sät man ihn zwischen Reihen von Gemüse, spenden diese ihm den nötigen Schatten. Er muss reich-lich gegossen werden, weil er bei Trockenheit schnell zur Blüte kommt und Samen bildet. Dabei verliert das Laub sein Aroma. Die Blätter können während des ganzen Sommers geerntet werden.

Kerbel kann man auch im Zimmer auf der Fensterbank eines Nordfensters ziehen, doch wachsen die Pflanzen weniger wüchsig und aro-matisch als ihre Verwandten im Freiland. Für die Winterernte kann man Kerbel im Spätsommer aussäen, allerdings brauchen die Jungpflanzen dann einen Frostschutz.

Wegen seines hohen Vitamingehalts wird Ker-bel traditionell zur Behandlung von Verdauungs- und Kreislaufbeschwerden empfohlen.

SCHNITTLAUCH und SCHNITTKNOBLAUCH
Allium schoenoprasum und A. tuberosum

Schnittlauch (gegenüber, links) mit dem frischen Zwiebelaroma kann zur Garnierung und als Salatkraut eingesetzt werden.

Schnittlauch hat lange, röhrenförmige Halme und rosa Blüten. Der Schnittknoblauch dagegen besitzt ein markantes Knoblaucharoma und trägt im Spätsommer weiße Sternblüten. Die gehackten Halme beider Arten schmecken gut in Eiergerichten und Salaten, eignen sich aber auch als Garnierung. Schnittlauch ist eine Grundzutat der klassischen Mischung *fines herbes*.

Schnittlauch passt mit den straffen Halmen und den hübschen Blüten gut in den Blumengarten. Er eignet sich zur Einfassung von Beeten, beispielsweise im Küchengarten. Und sät man ihn in Pflasterfugen, breitet er sich bald aus und bildet zwischen den Platten ein Muster.

Im Frühling treiben aus den winzigen Zwiebeln unter der Erde die zarten Halme. Sie werden etwa 25 cm lang und können geerntet werden, wenn sie 10 cm Länge erreicht haben. Man zupft die Blätter an der Basis ab oder schneidet sie mit einer Küchenschere.

Im späten Frühling erscheinen festere Halme mit Blütenknospen. Die meisten Schnittlaucharten blühen in verschiedenen Rosatönen. Die Blütenstände sind ebenfalls essbar und sehen in Salaten prima aus.

Schnittlauch gedeiht gut im Kübel, wenn man ihn nicht austrocknen lässt. Junge Pflanzen kann man auf der Fensterbank halten oder an einen sonnigen Platz im Garten setzen.

In der traditionellen Heilkunde wird Schnittlauch als Antibiotikum sowie zur Anregung des Appetits und der Verdauung eingesetzt.

KORIANDER
Coriandrum sativum

Koriander (gegenüber, rechts) gibt Curries und anderen würzigen Gerichten eine pikante Note.

Koriander ist eine sehr aromatische, kurzlebige Einjährige. Neben ihren Samen verwendet man auch die tief eingeschnittenen, der glatten Petersilie ähnlichen Blätter, mit denen herzhafte und süße Gerichte gewürzt werden können. Die Pflanze trägt eine Fülle winziger weißer Blüten. Korianderblätter gibt man immer am Ende der Garzeit zu gekochten Speisen, weil beim Kochen das Aroma verloren geht.

Aus den winzigen, rosa-weißen Blüten, die ab dem Frühsommer erscheinen, entstehen perlenförmige Samenkapseln. Die Samen werden für süßes und salziges Gebäck, aber auch für Curries, Chutneys und eingelegtes Gemüse verwendet. Die Blätter gibt man an Salate und Schmorgerichte oder benutzt sie als Garnierung. Die Pflanzen werden bis zu 60 cm hoch.

Koriander gedeiht gut an einem sonnigen Standort in leichtem, durchlässigem Boden. Für eine reichliche Samenbildung braucht er einen langen, warmen Sommer. Man sät ihn im Frühling direkt an Ort und Stelle und schützt die Sämlinge mit Glocken oder Folien, bis sie kräftig sind. Regelmäßiges Gießen und Jäten des Unkrauts sind wichtig, solange die Pflanzen klein sind. Am besten schmecken die jungen Blätter.

Weil die Samen oft schon vor der Reife zu Boden fallen, sollte man die Samenstände frühzeitig abschneiden. Sie werden ausgebreitet und abgedeckt an einen warmen, trockenen, luftigen Platz gestellt, sodass die Samen nachreifen können. Die reifen Samen bewahren Sie in luftdicht schließenden Gefäßen auf.

DILL
Anethum graveolens

Dill verleiht Fischgerichten, Suppen und Salaten eine frische Würze.

Dill ist ein ausgezeichneter Partner für heiße und kalte Fischgerichte aller Art. Besonders berühmt ist er als dominantes Gewürz für skandinavischen, gebeizten Lachs *(Graved Laks)*. Auch in Salaten, Eierspeisen und Suppen sorgen die zarten, jungen Blätter für Würze. Die Samenstände oder die losen Samen werden für Chutneys und eingelegte Gemüse verwendet. Sie eignen sich auch als Gewürz für Reis und Kohl sowie für herzhafte Brotteige. Gemahlen würzen sie exotische Curries.

Dill ist eine winterharte Einjährige mit duftenden, fiedrigen Blättern und lockeren, gelben Blütenständen im Hochsommer. Je nach Sorte werden die Pflanzen zwischen 60 cm und 150 cm hoch. Man sät ihn in gut durchlässigen Boden an einem geschützten, sonnigen Platz direkt ins Kräuterbeet, sobald sich der Boden im Frühling erwärmt hat. Man kann ihn in Töpfen vorziehen, doch weil er recht groß wird, sollte er bald ausgepflanzt werden.

Die Sämlinge regelmäßig wässern und auf 20 cm auslichten. Bei Bedarf können Haselruten als Stütze eingesteckt werden. In Trockenzeiten muss reichlich gegossen werden, sonst schießen die Pflanzen schnell in Saat und die Blatternte fällt mager aus. Die jungen Blätter können laufend geerntet werden.

Die Samen für die Küche werden unreif geerntet. Man schneidet die ganzen Samenstände ab, verpackt sie in Papiertüten und lässt sie an einem warmen, trockenen Ort nachreifen. Wenn die Samen trocken sind, reiben Sie die Hüllen ab und bewahren die Samen in einem luftdichten Schraubglas auf.

Viele Samenanbieter unterscheiden zwischen Laub- und Samensorten. *A. g.* 'Sari' ist eine kurzstielige Sorte mit reichlich Grün. *A. g.* 'Hercules' ist besonders aromatisch, während *A. g.* 'Dukat' für seine gute Blattbildung bekannt ist. Alle drei Sorten bilden auch reichlich Samen.

Dill dient als beruhigendes Mittel bei Magenbeschwerden und soll Schlafstörungen lindern. Die gemahlenen Samen werden gelegentlich als Ersatz für Salz verwendet.

FENCHEL
Foeniculum vulgare

Das duftige Grün des Fenchel ist im Frühling ein besonders hübscher Anblick im Kräuterbeet.

Im Frühling entrollen sich die leuchtend grünen Triebe des Fenchel aus hellen Blattscheiden, in denen sie wie in kleinen Päckchen verpackt sind. Ihr Duft ist unverkennbar. Man unterscheidet zwischen Gemüsefenchel und Gewürzfenchel. Die feinen Blätter sind eine würzige Beigabe zu Suppen und Salaten und auch eine hübsche Garnierung. Eine Mischung aus bronzerotem und grünem Fenchel macht sich besonders gut auf Salaten. Beide Arten passen hervorragend zu Fisch. Die Samen verwendet man als Gewürz und für Kräutertees. Die Samenstände eignen sich als Einlegegewürz, die Blätter zum Aromatisieren von Essig und Öl.

Fenchel ist eine winterharte Staude, von der man die fein geschnittenen Blätter in Frühling und Sommer sowie die Blütenstände mit den kleinen, gelben Blüten im Sommer erntet. Er kann mehr als 2 Meter hoch werden und sät sich selbst aus – zupfen Sie im Frühling junge Sämlinge rigoros aus. Wegen der ungewöhnlichen Blattfärbung ist die Sorte *F. v.* 'Purpureum' besonders attraktiv. Das gefiederte Laub ist beinahe schokoladenbraun und kontrastiert großartig mit dem Grün des einfachen Fenchel. Im Aroma unterscheiden sich die Sorten nicht.

Fenchel braucht einen sonnigen Platz mit nahrhaftem, durchlässigem Boden. Man sät ihn im späten Frühling an Ort und Stelle aus oder zieht ihn im Gewächshaus vor. Die Sämlinge werden auf Abstände von etwa 50 cm ausgedünnt oder ausgepflanzt.

Fenchelgrün wird während des Sommers laufend frisch geerntet. Die Samen erntet man im Herbst, wenn sie reif sind. Ältere Pflanzen können im Frühling oder Herbst geteilt werden. Dill und Fenchel bestäuben sich gegenseitig, darum sollten sie nicht zu nahe beieinander stehen.

In der traditionellen Heilkunde hat Fenchel viele Einsatzzwecke. Heute kennt man ihn vor allem zur Vorbeugung von Übergewicht.

KNOBLAUCH
Allium sativum

Eine Knoblauchknolle besteht aus mehreren einzelnen Zehen, die von einer papierartigen Hüllschicht in Weiß oder mattem Rosa umgeben sind. Unübertroffen im Geschmack ist frischer Knoblauch vom Markt oder aus dem eigenen Garten. Knoblauch ist das unverwechselbare Gewürz verschiedener Saucen aus dem Mittelmeerraum, darunter die bekannte *Aioli*. Auch seine gesundheitsfördernden Eigenschaften werden hoch geschätzt.

Knoblauch bildet, wie Zwiebeln und Lauch, schlanke Halme von etwa 30 cm Länge. Am besten gedeiht er in fruchtbarem, durchlässigem Boden in sonniger Lage. Man pflanzt im Frühling einzelne Zehen in Reihen mit 30 cm Abstand. Vor allem bei Trockenheit muss Knoblauch regelmäßig gegossen werden.

Im Sommer gräbt man die Knollen aus, lässt sie einige Tage bei gutem Wetter auf Gittern oder in Holzkisten abtrocknen und hängt sie dann in Bündeln in einen trockenen, luftigen Schuppen.

Es gibt eine Reihe von Knoblauchsorten, die sich in der Geschmacksintensität und der Knollen- und Zehengröße unterscheiden. *A. sativum* hat weiße Blüten, *A. scorodoprasum* bildet eine mild schmeckende Knolle sowie essbare Brutzwiebeln an den Blüten-ständen. *A. ampeloprasum* bildet nur eine einzige, zwiebelartige Knolle. Kaufen Sie gleich mehrere Knollen ein – einige für den Gebrauch in der Küche, einige zum Auspflanzen in den Garten.

Früher galt Knoblauch nahezu als Allheilmittel. Heute schätzt man seine Blutdruck senkende Wirkung. Zudem wirkt er antiseptisch und stärkt das Immunsystem des Körpers.

LAVENDEL
Lavandula species

Der Name Lavendel rührt von dem lateinischen Wort für »waschen« her. Tatsächlich besitzt die Pflanze reinigende Eigenschaften und lässt an frisch gewaschene Bettwäsche denken.

Lavendelblüten kann man für Kuchen und Konfitüren verwenden, ebenso zum Aromatisieren von Zucker. Häufiger jedoch werden die Blüten und Blätter getrocknet und als Raumduft benutzt oder in Stoffsäckchen zum Parfümieren von Schränken gelegt. Für Potpourris, Duftessenzen und Duftsträußchen sollte man die Blüten ernten, sobald sie sich öffnen, weil dann Farbe und Duft besonders intensiv sind.

Lavendel ist ein immergrüner Strauch mit graugrünen, leicht strukturierten, duftenden Blättern und – je nach Sorte – Blüten in Blau, Violett, Rosa oder Weiß. Er kann bis 1 Meter hoch werden und fühlt sich an einem sonnigen Platz mit durchlässigem, eher sandigem Boden wohl. *L. angustifolia* 'Hidcote' hat einen gleichmäßig kompakten Wuchs und intensiv dunkelblaue Blüten. Die Sorte eignet sich ausgezeichnet zum Einfassen von Wegen oder Beeten. Es gibt auch Zuchtformen mit grünen, weißen und roten Blüten. Einige Arten, darunter *L. stoechas* und *L. lanata*, sind frostempfindlich und brauchen einen Winterschutz.

Lavendel bietet sich für niedrige Hecken als Einrahmung für Beete oder Wege an. Sofern Sie Jungpflanzen der gleichen Art oder Sorte verwenden, passen solche Hecken wegen ihrer einheitlichen Form und Farbe in formale wie in zwanglose Gärten. Lavendel ist recht schnittverträglich. Im Frühling werden verkahlte, holzige Triebe und eventuell von letzten Sommer übrig gebliebene Blütenstände entfernt. Im Spätsommer oder Herbst kann man Lavendel aussäen. Die Jungpflanzen werden auf Abstände von 60 cm verpflanzt. Soll eine Hecke entstehen, beträgt der Pflanzabstand 30 cm. Im Sommer werden Stecklinge geschnitten.

In der Heilkunde wird Lavendel wegen seiner beruhigenden Wirkung eingesetzt. Daneben dient er zur Herstellung von Duft- und Körperpflegemitteln.

ZITRONENMELISSE
Melissa officinalis

Berührt man die Blätter, setzt die Zitronenmelisse einen wunderbaren Zitronenduft frei. Auch ihr Geschmack ist angenehm frisch und herb. Da nimmt man gern in Kauf, dass sie zum Wuchern neigt und sich in kleinen Gärten manchmal etwas breit macht. Mit ihren rundlichen Wuchs passt sie gut in den Vordergrund eines Beetes. Die Blätter mit dem Zitrusaroma schmecken köstlich in Salaten.

Zitronenmelisse ist eine winterharte Staude, die während der Blüte 1 Meter Höhe erreichen kann. Die unscheinbaren Blüten erscheinen vom Hochsommer bis zum Herbst an etwas unordentlich wirkenden Stielen. Sofern der Boden durchlässig und feucht ist, gedeiht Zitronenmelisse auch im Schatten.

M. officinalis hat grüne Blätter. *M. o.* 'Aurea' ist eine gelb-grün panaschierte Form, die sich als lebhafter Farbakzent im Kräutergarten anbietet. *M. o.* 'All Gold' hat gelbes Laub.

Vor allem die panaschierten Formen der Zitronenmelisse lassen sich gut mit anderen Pflanzen kombinieren. Die Blütenstiele sollte man jedoch abschneiden, damit mehr Blätter gebildet werden. Nach der Blüte verblasst die gelbe Panaschierung meist.

Damit sich die Pflanzen nicht aussäen, schneidet man im Herbst alle Blütenstiele ab. Die Blätter werden frisch verarbeitet, können aber auch getrocknet oder eingefroren werden. Zitronenmelisse wird im Frühling ausgesät, ältere Pflanzen kann man im Frühling oder Herbst teilen.

Aus einigen frischen Melissenblättern kann man einen milden Tee kochen, der traditionell als Mittel gegen stressbedingte Anspannung empfohlen wird.

Für einen wirksamen Kräutertee erntet man Melisse vor der Blüte, weil die Blätter dann besonders viel ätherisches Öl enthalten.

Liebstöckel
Levisticum officinale

Liebstöckel hat einen kräftig-scharfen Geschmack und besitzt vor allem in der rustikalen Hausmannsküche eine lange Tradition. Die Blattform erinnert an Sellerie.

Liebstöckel ist eine winterharte Staude mit großen, dunkelgrünen Blättern. Er kann bis zu 2 Meter hoch werden und trägt im Spätsommer luftige Blütenstände mit kleinen, ockergelblichen Blüten, die an Petersilie erinnern. Am besten gedeiht er in nahrhaftem, durchlässigem Boden an einem sonnigen Platz. Jüngere Pflanzen müssen regelmäßig gegossen werden.

Liebstöckel sieht neben Angelika gut aus, und pflanzt man ihn vor eine Rose, verdeckt er die kahlen, unteren Stiele. Alle zwei bis drei Jahre sollten die Pflanzen im Frühling oder Herbst geteilt werden. Die Blätter werden nach Bedarf frisch geerntet, die Samen nach der Reife.

Die Würzkraft von Liebstöckel ist intensiv, nicht umsonst heißt es im Volksmund auch Maggikraut. Man kann die frischen Blätter und Stiele in Suppen und Schmorgerichte geben, blanchiert serviert man sie als Blattgemüse. Die jungen Blätter passen gut in Salate und eignen sich als Garnierung für herzhafte Gerichte. Die Samen werden gelegentlich an salzigen Mürbeteig gegeben. Man kann sie auch zerstoßen und für Kräutermarinaden verwenden. Sie gelten als gutes Linderungsmittel für Verdauungsbeschwerden.

MINZE
Mentha species

In jedem Garten sollte mindestens eine Minze-
art wachsen. Diese Pflanzengruppe besticht
nicht nur durch die dekorativen Blätter und
Blüten, sondern mindestens ebenso durch die
Vielfalt der Aromavarianten.

Fein gehackte Minze mit Essig, etwas Zucker
und warmem Wasser vermischt ergibt eine
Minzsauce, die klassische Beigabe zu
Lammbraten. Minzgelee aus Äpfeln und Minze
passt ebenfalls gut zu Lammfleisch. Im Mittleren
Osten würzt man nicht nur
süßen Schwarztee mit
Minze, sondern auch
warme und kalte Speisen.
Die Gattung Mentha
umfasst etwa 25 Arten von
Stauden, die

hauptsächlich wegen ihrer Blätter kultiviert werden. Meist sind sie oval bis lanzettlich und
haben gezahnte Ränder. Die dekorativen Blüten
in verschiedenen Pink- und Rosatönen stehen
bei Bienen hoch im Kurs.

Minze gedeiht in voller Sonne in durchlässigem, aber feuchtem Boden. Jungpflanzen setzt
man im Frühling oder Herbst ins Freie, ältere
Pflanzen im Beet werden im Herbst geteilt. Auch
in lichtem Schatten gedeiht Minze und bildet,
sofern ausreichend Feuchtigkeit vorhanden ist,
einen guten Bodendecker. Um ihre Neigung zum
Wuchern einzudämmen, kann man sie in einen Kübel pflanzen und diesen in den Boden einsenken.

Ingwerminze (*Mentha × gracilis* 'Variegata')
hat einen scharfen Geschmack und grüne
Blätter mit gelben Tupfen. Ananasminze (*M.
suaveolens* 'Variegata') hat weich behaarte,
grüne Blätter mit einer unregelmäßigen, cremefarbenen Zeichnung an den Rändern.
Krauseminze (*M. spicata*) und Pfefferminze (*M.
× piperita*) sind zwei wüchsige, wuchernde
Arten mit hübschen Blüten und dem typischen
Minzegeschmack. Den intensivsten Duft besitzt
wahrscheinlich die Zitronenminze (*M. × piperita*
'Citrata') mit den bronzefarbig überhauchten
Blättern und Stielen. In Speisen kann das Aroma
dieser Art zu aufdringlich sein, darum eignet sie
sich besser als Duftpflanze für den Garten.

Besonders aromatisch ist Minze vor der Blüte,
darum schneidet man sie zurück, um die Blattbildung anzuregen. Die Blätter werden während
der ganzen Wachstumsperiode geerntet und
frisch verwendet oder für den späteren Gebrauch getrocknet oder eingefroren. Minze ist
anfällig für Rost, den man an rötlich-braunen
Flecken auf den Blättern erkennt. Befallene
Pflanzen sollten Sie entfernen und verbrennen.
Danach sterilisieren Sie den Boden.

OREGANO or MAJORAN
Origanum species

Oregano und Wilder Majoran sind die volkstümlichen Namen der Art *Origanum vulgare*, deren würzige Blätter Fleisch- und Tomatengerichten eine herbe Note geben. Aus der griechischen und italienischen Küche ist das Kraut nicht wegzudenken. Die verschiedenfarbigen Blüten und Blätter sorgen im Kräutergarten auf subtile Weise für Abwechslung.

Die Gattung Origanum umfasst viele andere Arten. Die dekorativen Formen eignen sich bestens für gemischte Beete oder als Einfassungen, in denen ihre hübschen Blüten und Blätter gut zur Geltung kommen. Einige Arten, darunter auch der Majoran *(O. majorana)*, sind frostempfindlich und müssen einjährig kultiviert oder im Winter geschützt werden.

Die panaschierten Sorten *O. v.* 'Aureum' und 'Gold Tip' setzen sehr schöne Farbakzente im Kräutergarten. Die erste Sorte trägt im Sommer Gruppen von hübschen Röhrenblüten. Das Laub mit dem zitronengelben Ton sieht reizvoll aus, verbrennt aber leicht und braucht darum einen halbschattigen Platz. Die Blätter der zweiten Sorte haben goldgelbe Spitzen. Diese Sorte verlangt viel Sonne, sonst verliert sie die Panaschierung.

Besonders gedrungen wächst *O. v.* 'Compactum' mit nur 15 cm Höhe, aber einer Ausbreitung von 30 cm. Er eignet sich gut als Bodendecker. Die meisten anderen Sorten erreichen etwa 45 cm Höhe und können durch Stecklinge vermehrt werden.

Zu den besten Sorten für die Küche gehören der griechische Majoran *(O. v. subsp. hirtum)* und die Art *O. onites*. Einige Formen wie *O.* 'Kent Beauty' und *O. laevigatum* 'Herrenhausen' werden eher als Zierpflanzen kultiviert und haben kulinarisch weniger Bedeutung.

Oregano und Majoran müssen nicht beschnitten werden, lediglich die Blütenstiele werden im Spätsommer gekappt. Im Herbst schneidet man die ganze Pflanze knapp über dem Boden ab. Für die Küche empfiehlt sich griechischer Majoran, der auch beim Trocknen das Aroma behält.

PETERSILIE
Petroselinum crispum

Petersilie (gegenüber, links) gehört ins traditionelle *bouquet garni*, ist aber auch als Garnierung beliebt. Rosmarin (gegenüber, rechts) ist das klassische Gewürz zu Lamm.

Petersilie ist in den Küchen vieler Länder zu Hause und ist auch aus dem traditionellen *bouquet garni* nicht wegzudenken. Man kann die Blätter ganz oder gehackt in Salate geben, als Garnierung verwenden oder Saucen und Suppen mit ihnen würzen.

Es gibt verschiedene Arten krausblättriger Petersilie mit eng gekräuselten, moosähnlichen Blättern. Alle bleiben im ersten Jahr kompakt und kommen im zweiten Jahr zur Blüte. Attraktiv ist auch die größere, glattblättrige Petersilie, die etwa 30 cm hoch wird. Die großen Blätter und die Stiele schmecken in Salaten und gekochten Gerichten gleichermaßen gut.

Petersilie ist eine winterharte Zweijährige, die beim Umpflanzen vorsichtig behandelt werden muss. Störungen der Wurzel lösen einen Überlebensmechanismus aus und führen zur verfrühten Blüte. Petersilie bevorzugt feuchten Boden in halbschattiger Lage. Kaufen Sie im Frühling oder Herbst Jungpflanzen. Wer im Herbst pflanzt, muss die jungen Gewächse mit Vlies oder Glocken abdecken, kann aber während des Winters frisches Grün ernten.

Gehackte Petersilie lässt sich gut einfrieren, die ganzen Blätter kann man auch für den Wintervorrat trocknen. Petersilie eignet sich als Ersatz für Basilikum im Pesto, für Kräuterbutter und selbst angerührte Kosmetika. Angeblich soll das Kauen von Petersilie nach dem Genuss von Alkohol oder Knoblauch den Atem erfrischen.

ROSEMARIN
Rosmarinus officinalis

Mit den zarten Blüten und den duftenden Blättern ist Rosmarin eine Zierde für den Kräutergarten. Seit Jahrhunderten schätzt man ihn als Küchenzutat, traditionelles Heilmittel und Zusatz zu Kosmetika. Die Blätter lassen sich für den Vorrat trocknen oder einfrieren.

Rosmarin hat schlanke, duftende Blätter an verholzenden Trieben. In den meisten Regionen ist die immergrüne Pflanze winterhart, nur in rauen Lagen braucht sie einen Winterschutz. Die aufrechten Sorten können bis zu 2 Meter hoch werden, es gibt aber auch breitwüchsige und hängende Arten. Man erntet die frischen Triebspitzen, um die Laubbildung anzuregen und die Pflanze buschig zu halten. Rosmarin trägt im Sommer duftende, kleine Blüten, die je nach Sorte rosa, weiß oder blau sein können.

Alle Rosmarinsorten bevorzugen einen sonnigen Platz, der vor kalten Winterwinden geschützt ist. Gute Drainage ist unerlässlich. Erfrorene Triebe werden im Frühling abgeschnitten, nach der Blüte schneidet man die Pflanze behutsam in Form. Nicht zu stark schneiden, Rosmarin treibt aus verholzten Trieben nicht neu aus. Stecklinge können im Sommer geschnitten werden. Die Blätter werden nach Bedarf geerntet, sind aber vor der Blüte aromatischer. Die Ernte für den Vorrat erfolgt im Spätsommer. Man kann ganze Stiele trocknen oder einfrieren.

Blüten und gehackte, junge Blätter passen gut zu Salaten. Ganze Zweige legt man vor dem Garen auf Bratenstücke. Auch für Kräuterbutter, Marmeladen, Gelees und sommerliche Getränke eignet sich Rosmarin. Fleischgerichte und Marinaden gewinnen durch Rosmarinsalz.

SALBEI
Salvia officinalis

Salbei wird schon seit der Antike als Heil- und Küchenkraut kultiviert. Der botanische Name stammt von dem lateinischen Wort *salvere*, das »heilen« oder »retten« bedeutet. Seit jeher wird das Kraut mit den adstringierenden Eigenschaften als Antiseptikum und reinigende Zutat für Heilmittel und kosmetische Rezepturen verwendet. Ein Salbeiaufguss ist ein bewährtes Gurgelmittel, das Halsschmerzen lindert.

Salbei ist ein immergrüner, winterharter Strauch mit duftenden, dekorativen Blättern und somit als Zierpflanze im Garten ebenso wertvoll wie als Küchengewürz. Man verwendet Salbei, manchmal in Kombination mit Zwiebeln, für Fleischgerichte und zum Aromatisieren von Salz, Essig und Öl.

Viele Salbeisorten sind dekorative Gartenpflanzen, darunter *S. o.* 'Tricolor' mit violett, rosa und weiß panaschierten Blättern. Die gemeine Salbei hat graugrüne Blätter. Rote Salbei (*S. o.* 'Purpurascens') hat violett-graue Blätter, Goldsalbei (*S. o.* 'Icterina') trägt goldgrünes Laub.

Salbei gedeiht in voller Sonne an einem offenen Standort mit leichtem, durchlässigem Boden. Stark verholzte Pflanzen sollte man ersetzen. Man kann die Pflanzen durch Stecklinge im Frühling und Herbst oder ganzjährig durch Senker vermehren. Viele Arten kann man auch an Ort und Stelle aussäen, wenn die Frostgefahr vorüber ist, oder im Haus in Schalen oder Töpfen vorziehen. Bei Temperaturen zwischen 15° C und 21° C keimen die Samen binnen zwei bis drei Wochen.

Wer Salbei hauptsächlich wegen der Blätter kultiviert, sollte die Blütenansätze ausknipsen. Blätter für die Küche können jederzeit frisch geerntet werden. Salbei ist das klassische Würzkraut zu Schweinefleisch. In der englischen Küche gehört zum salbeiwürzigen Schweinebraten auch Apfelmus.

SAUERAMPFER und SCHILDSAUERAMPFER
Rumex acetosa and *Rumex scutatus*

Sauerampfer mit seinem frisch-säuerlichen Geschmack ist in Kräutergärten leider viel zu selten anzutreffen. Dabei passt er als Saucen-zutat ausgezeichnet zu fettem Fisch und gibt auch Schmorgerichten eine angenehme Würze. Schildsauerampfer (Foto) hat ein milderes Aroma. Er eignet sich gut für Salate, kann aber auch wie Spinat zubereitet werden.

Sauerampfer, eines der traditionellen Kräuter der französischen Küche, ist eine ausdauernde Staude, die, nachdem sie sich einmal etabliert hat, viele Jahre im Kräutergarten stehen kann. Im Winter zieht sie das Laub ein, treibt aber im Frühling wieder frisch aus. Um diese Zeit eignen sich die säuerlichen Blätter am besten für Salate und Saucen.

Es gibt zwei Ampfer-Arten, die sich für den Garten und die Küche anbieten. Gemeiner Sauerampfer *(R. acetosa)* ist ein kräftiges Gewächs, das dichte Rosetten aus kräftigen, schildförmigen Blättern bildet. Besonders schmackhaft ist er früh im Jahr. Im Sommer erscheinen lange, beblätterte Blütenstiele, deren Enden sich verzweigen und unscheinbare Blüten tragen. Nach der Blüte verliert Ampfer an Aroma.

Attraktiver für den Garten ist Schildsauer-ampfer oder französischer Ampfer *(R. scutatus)*, den es in einer grünen und einer silbern pana-schierten Form namens 'Silver Shield' gibt. Die Blattmitte dieser Sorte, die sich gut als Boden-decker eignet, ist silbrig marmoriert.

Ampfer wird hauptsächlich als Küchenkraut geschätzt, dient tradi-tionell aber auch zur Behandlung von Blutgerinnungsstörungen. Wegen seines hohen Gehaltes an Oxalsäure sollte man ihn nur in kleinen Mengen verzehren, anderenfalls kann die Nieren-funktion beeinträchtigt werden.

Ampfer ist einer der unbekannten Schätze des Kräutergartens. Er passt perfekt zu fettem Fisch, doch sind die jungen Blätter, roh zerkaut, auch ein guter Durstlöscher.

ESTRAGON
Artemisia dracunculus

Die schmalen, lanzettlichen Blätter des Estragon stecken voller Aroma. Er wird gern mit Geflügel kombiniert und ist das wichtigste Gewürz der Sauce *Béarnaise*.

Mit seinem kräftigen Anisgeschmack ist Estragon das ideale Gewürz zu Fleisch- und Fischgerichten. Die Blätter eignen sich auch zum Einlegen in Öl oder Essig und zum Aromatisieren von Marinaden. Für den Frischverbrauch pflückt man sie im Frühling und Sommer, für den tiefgefrorenen Vorrat schneidet man sie im Spätsommer.

Der französische Estragon ist eine etwas frostempfindliche Staude mit schmalen, hell graugrünen Blättern. Er kann bis zu 1,5 Meter hoch werden und trägt im Sommer unscheinbare Blüten, die fast nie ausreifen. Das bedeutet, dass Estragon kaum jemals verwertbare Samen bildet und nur durch Teilung oder Stecklinge vermehrt werden kann.

Estragon braucht einen sonnigen Standort mit leichtem, durchlässigem Boden. Im Herbst wird er zurückgeschnitten und im Winter mit Tannenreisig vor Frost geschützt. Im Frühling oder Herbst kann man die Pflanzen teilen.

Weniger aromatisch, dafür aber robuster ist der russische Estragon *(A. dranunculoides)*, der oft fälschlich als französischer Estragon angeboten wird. Die russische Art ist wesentlich robuster und übersteht auch harte Winter problemlos. Im Hinblick auf das Aroma ist er jedoch dem französischen Estragon weit unterlegen.

In der heutigen Medizin spielt Estragon kaum eine Rolle, früher verwendete man ihn als Gegengift bei Schlangenbissen.

THYMIAN
Thymus vulgaris

Die aufrechten und die kriechenden Arten des Thymian haben duftende
Blätter und hübsche Blüten in Rosa, Mauve oder Weiß. Blätter und Blüten
können in der Küche verwendet werden.

Thymian ist immergrün und kann daher ganzjährig geerntet werden. Er
gehört unbedingt ins klassische *bouquet garni*. Blüten und Blätter können für
Salate verwendet werden, ebenso zum Aromatisieren von Ölen und Essig, für
Marinaden, Schmorgerichte und Bouillon. Auch in Füllungen für Geflügel
passt er ausgezeichnet. Besonders gut harmoniert er mit Rosmarin.

Thymian ist ein winterharter, immergrüner Strauch mit kleinen, sehr
aromatischen, runden oder lanzettlichen Blättern. Es gibt auch einige
silbern oder goldgelb panaschierte Formen.

Besonders wüchsig und als Gewürz sehr vielseitig ist der gemeine
Thymian *(T. vulgaris)*, ein stark verzweigter Halbstrauch mit dunkelgrünen Blättern und rosa Blüten im Sommer. *T. v.* 'Silver Posie' hat
silbrig panaschierte Blätter und ein gutes Aroma. *T.* × citriodorus ist
eine strauchige Sorte mit grünen, nach Zitrone duftenden Blättern
und rosa Blüten.

T. × *citriodorus* 'Silver Queen' trägt silbrige, cremeweiß pana-
schierte Blätter mit intensivem Zitronenduft und rosarote
Blütenknospen. *T. serpyllum* 'Snowdrift' ist eine kriechende
Form, die während der Blüte einen weißen Teppich bildet.

Thymian ist sehr vielseitig und gedeiht im Beet, im
Steingarten und im Kübel. Die kriechenden Formen eignen sich auch für duftende Wege oder Matten am
Boden unter einer Bank. Auf der Terrasse kann man sie
in Pflasterfugen pflanzen, wo sie sich gut ausbreiten.

Thymian braucht einen Sonnenplatz mit durchlässigem Boden. Nach der Blüte sollte er zurückgeschnitten werden, um den Neuaustrieb anzuregen und eine
buschige Form zu wahren. Wenn die Pflanzen zu
stark verholzen und in der Mitte verkahlen, sollten
sie ersetzt werden.

In der traditionellen Heilkunde dient Thymian als
Antiseptikum.

Kräuter
im Garten

Kräuter anbauen

Kräuter sind vielseitige Pflanzen, die in fast allen Gartenböden und unter den meisten Standortbedingungen gedeihen. Man kann sie vermehren, indem man sie teilt oder Stecklinge schneidet. Viele können direkt im Freiland ausgesät werden, andere zieht man besser in Töpfen vor.

Aussaat

Winterharte einjährige Kräuter werden im Frühling im Garten entweder in ein Saatbeet oder gleich an ihren endgültigen Platz gesät. Auch frostempfindliche Einjährige kann man an Ort und Stelle säen, wenn jegliche Frostgefahr vorüber ist. Die Samen werden in Reihen ausgelegt, nur dünn mit Erde bedeckt und regelmäßig begossen. Wenn die Sämlinge aufgelaufen sind, werden die Reihen ausgedünnt.

Zieht man Kräuter im Haus vor, kann man sie auspflanzen, wenn der Boden sich erwärmt hat. Vorher sollten die Sämlinge jedoch abgehärtet werden. Füllen Sie Anzuchtschalen oder Torftöpfe bis fast zum Rand mit Substrat, das gut angedrückt und durchdringend gegossen wird. Lassen Sie überschüssige Feuchtigkeit abtropfen, ehe Sie feine Samen auf die Oberfläche des Substrats streuen. Größere Samen können einzeln von Hand aufgelegt werden. Dann sieben Sie eine feine Schicht Substrat über die Samen.

Stellen Sie die Schalen in einen beheizten Anzuchtkasten mit einer gleichmäßigen Temperatur von 15° C. Wenn die Sämlinge groß genug sind um risikolos angefasst zu werden, können sie in Einzeltöpfe umgepflanzt werden. Dann werden sie tagsüber einige Stunden ins Freie gestellt, um sie abzuhärten. Nachts sollten sie jedoch wieder ins Gewächshaus geholt werden.

Pflanzen

Wenn Sie Jungpflanzen für den Garten oder die Fensterbank kaufen, untersuchen Sie sie genau auf Krankheiten oder Schädlinge. Pflanzen mit beschädigten Trieben oder Wurzeln, die aus den Abzugslöchern des Topfes drängen, sollten Sie ebenfalls stehen lassen. Pflanzen Sie die Jungpflanzen schnellstmöglich ins Beet, jedoch nicht während der Mittagshitze. Das Pflanzloch muss groß genug für den Wurzelballen sein, Unkräuter im Umkreis werden entfernt. Setzen Sie den Wurzelballen in das Loch, füllen Sie Hohlräume auf und drücken Sie die Erde gut an. Dann wird gründlich gegossen. Bei trockener Witterung muss täglich gegossen werden, bis die Pflanze angewachsen ist.

Ernte

Immergrüne Kräuter wie Lorbeer, Rosmarin, Thymian oder Salbei kann man ganzjährig im Garten oder im Haus ernten. Das gleiche gilt für Kräuter wie Estragon, Schnittlauch und Minze,

VON LINKS NACH RECHTS cken Sie vor der Aussaat ein Schild ins Beet. Schütten Sie die Samen aus der Tüte in Ihre Hand. Fassen Sie mit den Fingern ein größeres Samenkorn oder eine Prise kleinerer Körner und streuen Sie sie in das Saatloch oder die Saatrille. Dünn mit Erde bedecken und mit dem Handrücken vorsichtig andrücken. Bei langsam keimenden Saaten wie Petersilie sollten Sie die Saatreihe mit einer Linie aus hellerem Sand markieren.

die im Winter in Töpfen auf der Fensterbank gezogen werden. Einjährige Kräuter wie Basilikum, Schwarznessel, Rauke, Dill, Kapuzinerkresse und Koriander schmecken im Frühling und Sommer am besten. Die ideale Erntezeit für Basilikum ist der Spätsommer. Stauden ziehen im Winter das Laub ein, darum werden beispielsweise Fenchel, Liebstöckel und Beinwell im Frühling und Sommer geerntet.

Wenn die Kräuter kräftiges Laub gebildet haben, sollten sie regelmäßig geerntet werden, damit sie eine gleichmäßige Form behalten. Pflücken Sie einfach bei Bedarf zu jeder beliebigen Tageszeit eine Hand voll Blätter für den Salat oder ein anderes Gericht.

Wurzelteilung

Um Pflanzen zu vermehren oder ihre Wuchskraft zu fördern, sollten sie gelegentlich geteilt werden. Der beste Zeitpunkt ist das zeitige Frühjahr vor dem Austrieb oder das Ende der Vegetationsperiode im Herbst. Vor der Teilung im Herbst werden verwelkten Blütenstiele entfernt. Heben Sie den Wurzelballen mit einer Grabgabel aus dem Boden.

Große Wurzelballen teilt man am besten, indem man zwei Grabgabeln Rücken an Rücken einsticht und den Ballen auseinander hebelt. Zerlegen Sie den Ballen auf diese Weise in mehrere Teile mit jungen Wurzelsegmenten, die anschließend neu gepflanzt werden. Schnittlauch und einige andere Kräuter kann man auch mit den Händen teilen. Viele mehrjährige Kräuter wie Majoran, Schnittlauch, Sonnenhut, Estragon, Ampfer, kriechender Thymian und Liebstöckel bilden große Wurzelballen. Mit der Zeit lässt die Wachstumskraft in der Ballenmitte nach, die Blattbildung wird schwächer. Bei der Teilung des Wurzelballens werden alle alten und ungesund aussehenden Teile entfernt. So wird die Pflanze verjüngt, weil die Teilstücke neue, gesunde Wurzelspitzen bilden.

Vermehrung

Durch Stecklinge lässt sich eine größere Menge Nachwuchs bestimmter Pflanzenarten ziehen. Bei dieser Methode sind die Jungpflanzen genetisch mit der Mutterpflanze absolut identisch.

Für krautige Stecklinge verwendet man kräftige, gesunde Triebe, die im Frühling neu gebildet werden. Schneiden Sie sie mit einem scharfen, sauberen Messer ab. Bereiten Sie mehrere Töpfe oder Schalen mit durchlässigem Substrat vor. Schneiden Sie jeden Steckling mit einem sauberen Schnitt direkt unter einem Blattansatz auf eine Länge von etwa 10 cm zu. Die unteren Blätter des Stecklings werden entfernt, die oberen bleiben stehen. Stechen Sie mit einem Hölzchen Löcher in das Substrat und stecken Sie die Stecklinge bis zu den verbliebenen Blättern hinein.

Beschriften Sie die Töpfe mit Datum und Pflanzenart, dann stellen Sie sie in einen beheizten Anzuchtkasten oder ein improvisiertes Gewächshaus aus einer transparenten Plastiktüte. Kontrollieren Sie den Nachwuchs täglich.

Wenn am Topfboden Wurzeln zu erkennen sind – meist nach etwa zwei bis vier Wochen – geben Sie den Pflanzen einen Blattdünger. Sind sie größer und kräftiger, können sie in Einzeltöpfe gepflanzt werden. Damit sie buschig wachsen, knipsen Sie die Triebspitzen aus.

Die Vermehrung durch holzige Stecklinge funktioniert ähnlich. Allerdings brauchen holzige Stecklinge ein sehr durchlässiges Substrat. Da sie erst im Herbst geschnitten werden, müssen sie den Winter in einem kalten Frühbeet verbringen, ehe sie im folgenden Herbst ausgepflanzt werden können. Holzige Stecklinge bewurzeln wesentlich langsamer als krautige.

Minze, Bergamotte, Zitronenmelisse, Meerrettich und Beinwell lassen sich im Frühling oder Herbst durch Wurzelstecklinge vermehren.

VON LINKS NACH RECHTS
Schnittlauch kann man mit der Hand teilen, sofern die Ballen nicht stark verfilzt sind. Graben Sie die Pflanze aus und reißen Sie den Ballen vorsichtig in mehrere Teile. Beschädigte und abgestorbene Wurzeln werden weggeworfen. Die Teilstücke dann in vorbereitete Pflanzlöcher setzen und mit Erde auffüllen. Dann schneiden Sie die Halme zurück und gießen die Pflanzen. Halten Sie die Reihe unkrautfrei, und schon bald können Sie frischen Schnittlauch ernten.

Schädlinge/Krankheiten

Sofern Kräuter nicht zu nass oder zu trocken gehalten werden oder so eng stehen, dass zwischen ihnen keine Luft zirkulieren kann, treten Schädlinge und Krankheiten nur selten auf. Müssen aber einmal Bekämpfungsmaßnahmen ergriffen werden, sollte man für Pflanzen, die man essen möchte, keine chemischen Produkte verwenden, sondern organische Methoden bevorzugen. Viele Gärtner verwenden eine spezielle, biologische Seife, um eine Spritzlösung gegen weiße Fliegen und Blattläuse herzustellen. Braune Flecken an Minze- oder Schnittlauchpflanzen sind das Kennzeichen für Rost, eine Pilzerkrankung. Befallene Pflanzen sollten Sie ausgraben und entfernen, damit sich die Krankheit nicht ausbreitet. Um dem Befall von Minzepflanzen vorzubeugen, kann man den Boden auch sterilisieren. Legen Sie dazu eine Schicht Stroh auf den Boden rund um die befallene Pflanze und zünden Sie es an – aber Vorsicht, ein Strohfeuer breitet sich rasch aus.

Sämlinge von Basilikum und anderen Kräutern sind im ersten Wachstumsstadium von der Sämlingswelke (»Umfallkrankheit«) bedroht. Sorgen Sie zur Vorbeugung für gute Belüftung, gießen Sie sparsam und behandeln Sie das Substrat vor der Aussaat mit einem Fungizid.

Schildläuse können an den immergrünen Blättern des Lorbeer auftreten, wenn er im Kübel im Haus gehalten wird. Waschen Sie die Blätter mit einer Seifenlösung ab und entfernen Sie die Schädlinge mit einem Wattestäbchen.

Dickmaulrüssler, Weiße Fliege und Rote Spinnmilbe treten vor allem in Gewächshäusern häufiger auf. Als Gegenmittel empfehlen sich Seifenprodukte oder die biologische Bekämpfung durch Nützlinge.

Duftende Beete

Viele Kräuter sind sehr dekorative Blatt- oder Blühpflanzen, die auch im Ziergarten eine gute Figur machen. Salbei beispielsweise ist eine ausgezeichnete Gartenpflanze, vor allem die panaschierten Zuchtformen, unter denen es auch eine dreifarbige Sorte mit graugrünen, rosa und weiß gezeichneten Blättern gibt. Sie wächst zu einem niedrigen Strauch heran und eignet sich sehr gut als Vordergrundpflanze für Rosen oder andere Gewächse, deren Triebe im unteren Bereich verkahlen. Später im Jahr sorgt die Salbeiblüte selbst für Aufsehen. Nach der Blüte sollte die Pflanze zurückgeschnitten werden.

Wer einen großen Garten hat und wuchernde Pflanzen nicht fürchten muss, könnte Minze, Beinwell oder Süßdolde pflanzen. Alle haben interessante Blattfarben und -texturen und tragen hübsche Blüten. Zudem gedeihen alle drei auch an schattigen Plätzen, wobei Minze besonders unempfindlich gegen Feuchtigkeit ist. Borretsch ist eine weitere starkwüchsige Blattpflanze, die im Sommer auffällige blaue oder weiße Blüten trägt.

Niedrige Nelken mit dem silbrigen Laub und den zierlichen, duftenden Blüten in Rosa oder Weiß sind gute Kandidaten für den Beetvordergrund. Thymian bildet mit seinem goldgelb oder silbrig panaschierten Laub und den zarten,

OBEN LINKS **Rosa Majoranblüten schmücken den Vordergrund des Beetes. Nachtkerze, Wegwarte und Fenchel bilden ein Farbenspiel in Gelb, Blau und Weiß oder – bei einigen Wegwarte-Arten – Rosa, das in der Luft zu schweben scheint.**

UNTEN LINKS **Die sternförmigen Blüten der Wegwarte zieren gemischte und einheitliche Pflanzungen.**

RECHTS **Lavendel und Currykraut zeichnen mit ihren rundlichen Formen und dem silbrigen Laub die geraden Konturen der Beete weicher.**

LINKS Echinacea, der Rote Sonnenhut, stammt aus Amerika und hat eine lange Tradition in der Heilkunde. Auch in der modernen Medizin wird er noch verwendet, hauptsächlich für Präparate zur Stärkung des Immunsystems. Die auffälligen, langlebigen Blüten erscheinen im Spätsommer.

GEGENÜBER, OBEN Formschnittfiguren aus Buchsbaum setzen in einem gemischten Beet einen interessanten Akzent. Bergamotte und Majoran füllen das Beet mit einer reizvollen Kombination aus Laub und Blüten.

GEGENÜBER, UNTEN Ringelblumen leuchten im Frühling und Sommer in sonnigen Beeten. Wenn verwelkte Blüten abgeknipst werden, ehe sie Samen ausbilden, treiben die Pflanzen immer neue Blüten.

rosa oder weißen Blüten niedrige Polster oder, je nach Sorte, große Matten.

Oregano und Majoran eignen sich gut für die Mitte oder den Vordergrund eines Blumenbeetes. Beide bilden dichtes Blattwerk und tragen im Sommer weiße, rosa oder fliederfarbene Blüten.

Viele Kräuter tragen Blüten in Nuancen von Mauve, Rosa und Weiß. Einige bringen jedoch leuchtende Lebhaftigkeit ins Beet, etwa Fenchel, Ringelblumen mit ihren sonnig orange-farbenen und hellgelben Blüten oder Kapuzinerkresse in Orange, Creme und Rot. Kapuzinerkresse besitzt obendrein oft interessant panaschiertes Laub, das hübsch aussieht, wenn es sich einen Weg durch andere Pflanzen bahnt. Mit Johanniskraut lässt sich ein Tupfen Gelb in den Beetvordergrund setzen, das von einer Nachtkerze im gleichen Farbton weiter hinten im Beet aufgegriffen wird. Beide Pflanzen säen sich selbst aus, darum sollten sie nach der Blüte zurückgeschnitten werden.

Auf etwas höherer Ebene bezaubert Fenchel mit seinem zarten, farnähnlichen Laub in Grün oder Bronzetönen. Später folgen steife Stiele mit schirmförmigen Blütenständen und zahlreichen gelben Blüten. Die Blüten locken Schwebfliegen und viele nützliche Insekten an. Weil Fenchel sich selbst aussät, bildet er im Sommer faszinierende Farbkaskaden, die buchstäblich vor Leben summen.

Lavendel, Nelken und einige andere Kräuter bilden rundliche Polster, die über die Beetränder quellen. Andere, darunter die Wegwarte, haben hohe Blütenstiele, die sich zwischen Nachbarpflanzen in die Höhe schieben. Rosmarin und Lorbeer bieten sich in formalen Gärten als Hochstämmchen an, die einen Blickfang auf Augenhöhe bilden und in einem langgezogenen Beet thematisch wiederholt werden könnten.

Der Spätsommer ist die Zeit der traditionellen Kräutergarten-Pflanzen. Sonnenhut *(Echinacea)* gibt es nicht nur mit roten, sondern auch mit weißen und grünen Blüten. Auch die Bergamotte blüht relativ spät und ausdauernd. Ihre hohen, kantigen Stiele tragen Blüten in Mauve, Weiß, Rosa und Pink. Ein Spätsommerblüher für die Mitte des Kräuterbeetes ist auch die Duftnessel mit ihren weißen und rosa Blüten.

Bodendecker

Viele niedrige Kräuter lassen sich im Ziergarten gut als Bodendecker einsetzen. Kriechender Thymian beispielsweise bildet
dichte, niedrige Matten aus dunkelgrünen Blättern und trägt
im Sommer zahllose Blüten in Weiß oder Rosa. Im Beet duckt
er sich zu Füßen höherer Pflanzen, unterdrückt Unkräuter und
sorgt selbst für Farbe. Nach der Blüte sollten die verwelkten
Stiele mit einer Schere abgeschnitten werden. Bei Trockenheit
muss er begossen werden.

Weil Thymian gelegentliche Fußtritte verzeiht, kann man ihn
sogar auf einen kleinen Weg pflanzen.

Rasenkamille ist ein weiterer duftender Bodendecker, den
man als Duftrasen oder für einen Weg verwenden kann. Vor
der Pflanzung müssen alle mehrjährigen Unkräuter und
Steine aus dem Boden entfernt werden. Für einen Quadrat-
meter braucht man etwa 40 Jungpflanzen. Betreten sollten
Sie die Fläche erst, wenn die Pflanzen sicher angewachsen
sind und sich auszubreiten beginnen.

Kriechthymian und Rasenkamille eignen sich auch zum Bau
einer »lebenden Bank«. Platzieren Sie die Bank vor einer
Mauer und verwenden Sie ein Spalier als Rückenlehne. Die
Sitzfläche wird wie ein Hochbeet gebaut. Wer mag, schließt
kleinere Hochbeete als Armlehnen an. Bepflanzen Sie Sitzfläche und Armlehnen mit den niedrigen Kräutern. Für das
Spalier im Rücken bietet sich eine duftende Kletterpflanze
wie Jasmin an. Während der Blüte tummeln sich auf Thymian
zahllose Bienen, darum sollten Sie zu dieser Zeit keinesfalls
auf einer Thymianbank Platz nehmen.

Korsische Minze *(Mentha requienii)* ist zwar nicht trittfest,
bildet aber einen attraktiven Bodenbewuchs an einem feuchten, schattigen Standort, etwa einem Teichufer. Auch die
kriechende Poleiminze *(Mentha pulegium)* fühlt sich in
einem schattigen, etwas feuchten Garteneckchen wohl. Kräuter wie Frauenmantel *(Alchemilla mollis)*, Süßdolde und Pimpernelle bilden zwar keine Matten, eignen sich aber in einem
großen Garten durchaus als Bodendecker. Weil sie sich selbst
aus-säen, muss man ihre Ausbreitung sorgfältig kontrollieren.

LINKS **Zwei Thymianarten bilden den kreisförmigen Rahmen für die Kübel mit Zitronenverbene und der Perovskie 'Blue Spire', einer dekorativen Zierpflanze.**

OBEN UND RECHTS **Kriechender Thymian (oben) und Rasenkamille (rechts) gedeihen sehr gut zwischen Trittsteinen. Beide nehmen gelegentliches Betreten nicht übel und bilden einen duftenden Weg, vielleicht zu einer lauschigen Bank. Damit sie die Trittsteine nicht überwuchern, müssen sie beschnitten werden.**

Kräuterhecken

Rosmarin, Thymian, Heiligenkraut, Buchsbaum und Lavendel zählen zu den Kräutern, die man in einem formalen Garten als sauber gestutzte Hecke ziehen kann. Normalerweise dienen Kräuterhecken als lineares Band aus Blattwerk, das einzelne Bereiche betont oder einrahmt. Eibe wächst zwar sehr langsam, doch wenn sie einmal etabliert ist, bildet sie einen sehr eleganten, dunkelgrünen Hintergrund für Kräuter.

Knotengärten und Parterres sind traditionelle, formale Elemente, für die gern Kräuter verwendet werden. Die gewählte Pflanzenart bestimmt die Farbe der Hecke. Einen silbrigen Schimmer bringen Lavendel, Heiligenkraut und auch Currykraut. Thymian, Rosmarin und Buchsbaum haben grünes Laub. Auch mehrfarbige Kombinationen sehen gut aus.

Lavendel eignet sich, wenn man ihn akkurat stutzt, für formale Gartenanlagen. Lässt man ihn frei blühen, wirkt er viel zwangloser und passt auch zu einem lässigeren Gartenstil. Lediglich die verwelkten Blüten sollten im Herbst abgeschnitten werden.

Im Küchengarten können die Beete auch mit Schnittlauch oder Petersilie eingefasst werden.

Wer eine Kräuterhecke plant, sollte Pflanzen gleicher Höhe und Ausbreitung verwenden, damit schnell ein einheitliches Bild entsteht. Buchsbaum und Eibe setzt man am besten in Pflanzlöcher, die entlang einer gespannten Schnur ausgehoben wurden. Die Jungpflanzen müssen gut angegossen werden. In ihrem ersten Winter nützt ein Windschutz aus Sackleinen.

Wenn die Heckenpflanzen angewachsen sind, können Sie mit dem formenden Schnitt beginnen. Die Hecken in einem Knotengarten oder

OBEN Nach der Blüte wird Lavendel beschnitten, um die duftende Hecke gut in Form zu halten.

GEGENÜBER Der Ring aus Edel-Gamander besteht aus vielen Einzelpflanzen gleicher Größe, die akkurat gepflanzt und beschnitten wurden.

RECHTS Heiligenkraut eignet sich für silbrig schimmernde Hecken.

Parterre werden im Herbst geschnitten, damit sie sich vor dem Kälteeinbruch erholen können. Holzige Pflanzen wie Salbei, Thymian, Lavendel und Rosmarin sollten bis auf die Hälfte des neuen Austriebs zurückgeschnitten werden, damit sie buschig wachsen.

Kräuter im Küchengarten

Wer häufig verwendete Küchenkräuter im Gemüsegarten zieht, kann von mehreren Pflanzen gleichzeitig ernten. Das hat den Vorteil, dass jeweils nur einige Blätter, Blüten oder Samen abgenommen werden und die Pflanzen weder leiden noch unansehnlich werden.

GEGENÜBER, OBERE REIHE **Minze (links) wuchert stark und muss darum im Küchengarten eingedämmt werden. Rosmarin (Mitte) kann man in Form schneiden oder frei wachsen lassen. Glatte Petersilie (rechts) eignet sich gut als kurzlebige Einfassung für Beete.**

GEGENÜBER, UNTERE REIHE **Die aromatischen Samen des Kümmel (links) werden geerntet, wenn die Blüten verwelkt sind. Auch mooskrause Petersilie (Mitte) gibt eine hübsche Beeteinfassung ab. Blüten, Blätter und Samen der Kapuzinerkresse sind essbar, sie haben einen pfeffrigen Geschmack. Die langen Ranken mit den leuchtenden Blüten suchen sich einen Weg zwischen anderen Pflanzen.**

Größere Kräuter wie Fenchel und Liebstöckel sollten Sie in einer Gruppe in den hinteren Bereich des Gemüsegartens pflanzen. Ideal ist die Nordseite des Beetes, sodass ihr Schatten nicht auf kleinere Pflanzen fällt. Niedrige Kräuter wie Petersilie, Pimpernelle, Schnittlauch und Schildsauerampfer sehen gut aus, wenn man sie in Reihen in Hochbeete sät.

Petersilie legt man am besten in Folgesaaten während des Sommers. So sind stets mehrere Reihen in verschiedenen Reifestadien vorhanden. Sobald sich der kräftige Blütenstiel zeigt, verlieren die Blätter an Aroma. Dann sollte man die Pflanze aus der Erde ziehen und vernichten.

Bohnenkraut, eine Einjährige mit würzigen Blättern und essbaren Blüten, wird traditionell im Gemüsegarten neben Große Bohnen gepflanzt. Eine andere gute Pflanzennachbarschaft ist Süßdolde und Rhabarber, der zu den frühesten Erträgen des Küchengartens gehört. Die Triebe der Süßdolde

mildern die Säure des Rhabarbers. Süßdolde sät sich selbst reichlich aus, darum sollten die welken Blütenstände entfernt werden.

Minze ist ein wertvolles Küchenkraut, sowohl für Salate als auch für gekochte Gerichte, Saucen, Marmeladen und Gelees. Die wuchernden Pflanzen setzt man am besten in ein Gefäß, das in den Boden eingelassen wird. Die Blüten sind zwar hübsch, sollten aber ausgeknipst werden, um die Blattbildung anzuregen.

Thymian und Salbei werden nach der Blüte zurückgeschnitten, um den Neuaustrieb zu fördern. Auch Rosmarin verträgt einen behutsamen Rückschnitt. Manche strauchigen Kräuter verkahlen mit der Zeit von unten her. Dann sollte man sie durch Jungpflanzen ersetzen.

Goldmajoran und Kerbel fühlen sich in einer Schattenecke des Gemüsegartens wohl. Kerbel ist zweijährig und bildet im ersten Jahr das beste Laub. Legen Sie Folgesaaten, damit immer für Nachschub an frischem Grün gesorgt ist.

Kräuter wie Kapuzinerkresse, Hornveilchen und Ringelblumen liefern essbare Blüten für Salate. Auch Schnittlauchblüten schmecken ausgezeichnet. Sie werden gepflückt, wenn sie sich gerade öffnen.

Kräuter für Sammler

Wer genug Platz hat, könnte seine Kräuter entsprechend ihrem Verwendungszweck in Gruppen anordnen. Es gibt passende Kräuter für jedes Thema und Farbschema. Sammlungen verschiedener Arten von Minze, Rosmarin, Thymian, Salbei, Lavendel oder Majoran zeigen eine erstaunliche Vielfalt an Blatt- und Blütenfarben und in vielen Fällen auch variierenden Düften und Geschmacksrichtungen. Solche nach Gattungen und Arten sortierten Sammlungen zeigen die Merkmale der verschiedenen Gruppen und die Unterschiede zwischen den einzelnen Arten und Sorten.

Ehe Sie eine Sammlung zusammenstellen, sollten Sie die maximale Höhe und Ausbreitung der verschiedenen Pflanzen herausfinden und auch nachlesen, wie viel Sonne sie brauchen. Betrachten Sie dann die einzelnen Blattfarben und arrangieren Sie die Pflanzen sorgfältig.

Die einfachste Sammlung umfasst die Kräuter, die Sie in der Küche häufig verwenden. Pflanzen Sie sie in ein kleines rundes Beet oder in mehrere Kübel. Der ideale Platz dafür liegt in bequemer Nähe zur Küchentür. Sie könnten auch ein kleines rechteckiges Beet für Petersilie, Lorbeer und Thymian

GANZ OBEN **Minzearten pflanzt man am besten in Einzeltöpfe, damit die wüchsigen Pflanzen einander nicht überwuchern.**

OBEN **Rosmarin gibt es mit weißen, blauen, rosafarbenen und hell violetten Blüten. Die meisten Arten erreichen mittlere Höhe. `Miss Jessop's Upright´ kann jedoch bis 2,5 Meter hoch werden. Er muss, ebenso wie die kriechenden Sorten, mit besonderer Sorgfalt platziert werden.**

RECHTS UND GEGENÜBER **Ein Kreis ist eine beliebte Form für ein Beet mit einer Sammlung von Küchenkräutern wie Rosmarin, Schnittlauch, Majoran und Schildsauerampfer.**

einrichten, die drei Zutaten für das klassische *Bouquet garni.*

Wählen Sie einen Lorbeerstrauch, als Hochstamm oder Pyramide geschnitten, für das Zentrum. Thymiansträucher werden in die Ecken gepflanzt, die Mitte füllen Sie mit Petersilie aus. In ein Beet mit *fines herbes* gehören Petersilie, Schnittlauch, Kerbel und Estragon. Wer die italienische Küche schätzt, könnte ein Sortiment aus Lorbeer, Basilikum, Majoran, Knoblauch, Rosmarin und Salbei zusammenstellen. Und für eine asiatische Sammlung brauchen Sie Zitronengras, Koriander, japanische Petersilie, Schwarznessel und Minze. In den USA sind

Pizzakräuter-Gärten mit Majoran, Basilikum, Thymian und Rosmarin beliebt.

Ebenso könnten Sie Kräuter zusammenstellen, die man frisch oder getrocknet für Tees und Aufgüsse verwendet, etwa Minze, Salbei, Bergamotte und Kamille. Vielleicht gefällt Ihnen auch ein Duftkräuter-Beet für Potpourris oder eine Sammlung von Kräutern mit essbaren Blüten. Probieren Sie einmal kandierte Schlüsselblumen- und Veilchenblüten in Kuchen und Plätzchen. Geben Sie Ringelblumen-, Schnittlauch- und Thymianblüten an Salate.

LINKS **Mehrere verschiedene Thymiansorten bilden hier ein kleines Parterre, eingefasst von einer Hecke aus Rosmarin, Buchsbaum und einer goldblättrigen, strauchig wachsenden Form des Geißblatts, *Lonicera nitida* 'Baggessen's Gold'.**

RECHTS **Ein zwangloser Rasenweg mit weich gewachsener Randbepflanzung aus verschiedenen Katzenminze- und Majoran-Arten. Reizvoll sind die verschiedenen Schattierungen der Blütenfarben.**

Kräuter in Töpfen und Kübeln

Viele niedrige und hängende Kräuterarten gedeihen gut in Töpfen und Kübeln. Der Vorteil ist, dass man schnell einen Kübel auswechseln kann, wenn eine Pflanze abgeerntet ist oder eine andere Sorte heranreift.

Besonders praktisch sind Blumenkästen vor dem Küchenfenster, aus denen man Blätter und Blüten jederzeit nach Bedarf frisch ernten kann, ohne einen Fuß vor die Tür zu setzen. Auch Kübel auf der Terrasse sind eine gute Idee.

Wenn eine Pflanze in einem Kübel abstirbt oder komplett abgeerntet wird und nicht mehr gut aussieht, ersetzt man sie einfach durch eine andere. Wenn Kräuter in kleinen Töpfen regelmäßig geerntet und ausgewechselt werden, kann man mehrere in einen größeren Blumenkasten stellen, der dann als gemeinsamer »Übertopf« für die kleine Sammlung dient. So kann man jederzeit Töpfe austauschen, ohne jedes Mal den Kasten neu zu bepflanzen.

Viele Gefäße eignen sich zum Bepflanzen mit Kräutern. Terrakotta und Kunststoff sind beliebt, aber es gibt weit mehr Möglichkeiten – von alten Olivenöl-Dosen bis zu halbierten Fässern – je nachdem, was zu Ihrem Haus und Garten passt.

Auf zwei Dinge sollten Sie beim Bepflanzen von Kübel allerdings achten. Erstens muss das Gefäß mindestens 25 bis 30 cm tief sein, damit sich die Wurzeln gut entwickeln können. Zweitens sind große Kübel schwer, wenn sie einmal mit Erde gefüllt sind. Sie sollten darum vor dem Bepflanzen an ihren endgültigen Platz gestellt werden.

LINKS **Terrakottatöpfe sind beliebt, weil sie mit dem Alter immer schöner werden. Einjährige Kräuter und einige Mehrjährige wie Schnittlauch können eine kleine Weile in solchen Töpfen stehen. Holzige Sträucher wie Thymian und Salbei brauchen jedoch größere, tiefere Gefäße, damit ihre Wurzeln sich gut ausbreiten können.**

Wer einen Blumenkasten oder eine Ampel bepflanzen möchte, muss außerdem auf eine sichere Befestigung achten. Vor allem Bewohner von Etagenwohnungen sollten nicht riskieren, dass eine schwere Ampel mit Pflanzen und nassem Substrat abreißt und möglicherweise einen Passanten auf der Straße verletzt.

Geben Sie in den Kübel zuerst eine Schicht Kies oder Tonscherben, darauf kommt das Substrat. Nehmen Sie die Kräuterpflanzen aus ihren Töpfen und setzen Sie sie in den Kübel. Die Zwischenräume füllen Sie mit Substrat, dann wird alles gut angedrückt. Gießen Sie die Pflanzen und mulchen Sie die Substratoberfläche mit einer Schicht Kies, der das Substrat fixiert und die Verdunstung herabsetzt.

Viele Kräuter fühlen sich in einem Kübel an einem sonnigen Platz wohl. Hohe Pflanzen sollten Sie in einem Blumenkasten meiden. Natürlich sind sie an Fenstern, die sich nach außen öffnen, unsinnig. Aber auch in anderen Fällen können sie durch Wind beschädigt oder ausgerissen werden.

OBEN **Thymian und Salbei passen gut in eine Ampel mit Zierpflanzen wie dieser hängenden Verbene.**

UNTEN **Alte Steintröge oder dekorative Terrakotta**kübel sind für strauchige Kräuter wie Salbei ebenso praktisch wie attraktiv. Sie eignen sich auch für eine Sammlung kriechender und aufrechter Thymiansorten.

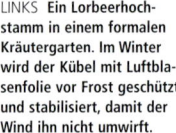

LINKS **Ein Lorbeerhochstamm in einem formalen Kräutergarten. Im Winter wird der Kübel mit Luftblasenfolie vor Frost geschützt und stabilisiert, damit der Wind ihn nicht umwirft.**

GEGENÜBER **Eine spektakuläre Kübelbepflanzung eignet sich als Blickfang an einer Wegkreuzung und lenkt in einem ebenen Garten den Blick in die Höhe.**

Auf der Fensterbank

Viele Kräuter kann man ganzjährig im Haus halten. Vor allem im Winter haben Kräuter auf der Fensterbank unbestritten Vorteile. Nur in geschützten Lagen kann man sie in der kalten Jahreszeit auch auf der Terrasse oder dem Balkon lassen.

Man sollte die Kräuter auf der Fensterbank als kurzlebige Nutzpflanzen betrachten, nicht aber als langlebige Gewächse. Wie alle Topfpflanzen brauchen sie Nährstoffe, reichlich Licht und gute Luftzirkulation und müssen ab und zu auf Schädlinge untersucht werden.

Die Fensterbank der Küche ist in den meisten Fällen der logische Standort, weil dort regelmäßig gelüftet wird und weil sie für den Koch in praktischer Reichweite stehen.

Grundsätzlich gedeihen Kräuter am besten in Einzeltöpfen mit durchlässigem Substrat. So können auch abgeerntete oder abgestorbene Pflanzen leicht ersetzt werden. Gießen Sie regelmäßig. Salbei, Thymian, Bergbohnenkraut und Rosmarin dürfen im Winter nur wenig Wasser bekommen.

Im Sommer brauchen die Kräuter im Haus alle zwei bis drei Wochen einen Flüssigdünger. Alternativ geben Sie ein Langzeitdünger-Granulat bei der Pflanzung in die Töpfe. Falls weiße Fliegen auftreten, besprühen Sie die Pflanzen in 14-tägigen Abständen mit einer organischen Seifenlösung, bis die Schädlinge verschwinden.

Ernten Sie nach Bedarf von Ihren Kräutern, aber drehen Sie sie in kurzen Abständen, damit sie gleichmäßig wachsen und auch von allen Seiten geerntet wird. Wer schnelle Ergebnisse wünscht, stellt Kräutertöpfchen aus dem Supermarkt auf. Wer mehr Geduld hat, sollte Pflanzen

aus dem Gartencenter verwenden. Petersilie und Kerbel kann man regelmäßig in Töpfen aussäen, sodass immer frischer Nachwuchs vorhanden ist.

Auch immergrüne Kräuter wie Rosmarin, Thymian und Salbei gedeihen im Haus. Einjährige wie Basilikum und Petersilie sind kurzlebig, doch bekommt man jederzeit Ersatz im Supermarkt.

Wer keinen Garten hat und seine Kräuter ganzjährig im Haus halten muss, sollte den mehrjährigen Arten alljährlich frisches Substrat geben. Alle zwei bis drei Jahre ist auch ein größerer Topf angebracht. Pflanzen wie Fenchel und Dill, die im Garten recht groß werden, erntet man frühzeitig, sonst werden die Pflanzen.

Im geheizten Gewächshaus kann man Estragon, Minze und Schnittlauch auch während ihrer Ruhezeit treiben. Dazu pflanzt man sie im Herbst in Töpfe und stellt sie über Winter ins Gewächshaus. Im Frühling werden sie wieder ausgepflanzt.

Im Supermarkt sind ganzjährig verschiedene Kräuter in Töpfen zu haben, mit denen man die Lücken auf der Fensterbank schließen kann. Das Treibhausklima, in dem sie herangezogen wurden, lässt sich in der Küche kaum simulieren. Um ihre Lebensdauer zu verlängern, sollte man sie aber vor Zugluft schützen, stets von unten gießen und regelmäßig ernten. Selbst bei behutsamer Behandlung ist es aber unwahrscheinlich, dass die Supermarkt-Kräuter ein langes Gastspiel auf der Fensterbank geben.

Im manchem asiatischen Lebensmittelhandlungen findet man Zitronengras, aus dem sich Pflanzen ziehen lassen. Wählen Sie einen dicken Stiel und achten Sie darauf, dass die Basis nicht abgeschnitten ist. Stecken Sie den Stiel in sandhaltiges Substrat und halten Sie ihn über Winter eher trocken. In speziellen Kräuter-Gärtnereien bekommt man aber auch größere Pflanzen, von denen man viel früher ernten kann.

LINKS **Fenchel, Petersilie, Basilikum und Salbei gedeihen gut auf einer sonnigen Fensterbank, vertragen aber keine Zugluft. Fenchel wird schnell staksig und sollte geerntet werden, solange er noch jung ist.**

Kräuter im Haus

Mit einem Potpourri aus Blüten, Kräutern und Gewürzen holen Sie den Sommer ins Haus.

Der Begriff Potpourri stammt aus dem Französischen und bezeichnet ursprünglich eine Schale mit fermentierten Blütenblättern und Blättern. Heute sind Trockenpotpourris beliebter. Ihr Duft hält nicht so lange wie bei der feuchten Form, dafür sind die Variationsmöglichkeiten der Texturen, Düfte und Farben nahezu endlos. Die Grundzutaten sind Blüten, die für Duft und Farbe sorgen. Dazu kommen duftende Blätter, Fruchtschalen, Gewürze und ein Fixativ – meist pulverisierte Pfeilwurz, um die Mischung haltbar zu machen. Geben Sie auf eine gehäufte Handvoll getrockneter Blüten und Blätter einen Esslöffel Pfeilwurzpulver und fügen Sie nach Bedarf noch einige Tropfen eines ätherischen Öls hinzu.

OBEN UND GEGENÜBER **In der Diele sieht ein Teller mit getrockneter Zitronenmelisse, Zitronenverbene, gelben Rosenknospen, Minze und Zitronenscheiben schön aus. Ätherische Öle von Bergamotte, Grapefruit und Zitrone sorgen für frischherben Duft. Die Öle dürfen nur sparsam dosiert werden, sonst überdecken sie die zarteren Düfte der Blüten und Blätter. Für ein Potpourri in dieser Größe – etwa ein Menüteller – reichen zwei Tropfen jedes Öls aus.**

RECHTS **Um die rustikale Atmosphäre in einem Raum mit vielen Holzmöbeln zu betonen, mischen Sie ein Potpourri aus getrockneten Rosenblüten, Lorbeerblättern und Lavendelzweigen mit kräftigen Prisen gemahlener Muskatnuss und Zimt sowie 2 bis 3 Tropfen Kiefern-, Sandelholz- und Zedernöl.**

Wohnzimmer mit weichen Polster-
möbeln sind für Behaglichkeit und
Geselligkeit gedacht. Da gibt es
viel Platz, Flächen mit duftenden
Kräutern zu dekorieren.

Die einfachste Art, die Wohnung zu parfümieren, besteht darin, in jeden Raum frische Blumen
und Kräuter zu stellen. Es gibt aber noch fanta-
sievollere Möglichkeiten, ein Haus rund ums Jahr
mit einladenden, köstlichen Düften zu füllen.

Kräutersäckchen, die man früher in Schubladen und zwischen die Wäsche legte, könnte man
ebensogut in Kissenbezüge schieben, oder auch
in die Taschen von täglich benutzten Kleidungs-
stücken wie Jacken und zwischen die Polster von
behaglichen Sesseln und Sofas. Die Düfte werden
freigesetzt, sobald man sich setzt oder anlehnt
und dabei die Kräuter zusammenpresst. Experi-
mentieren Sie mit verschiedenen Kräutermisch-
ungen und ätherischen Ölen, komponieren Sie
ein Potpourri und legen Sie einen Pomander dazu. Durch die Luftbewegung in der Wohnung
werden all diese Düfte verweht und vermischt,
achten Sie darum darauf, dass die Zutaten har-
monieren.

Wer süße Düfte schätzt, kann zwischen vielen
Kräutern auswählen. Probieren Sie Lorbeer,
Lavendel, Zitronenverbene, Rosmarin, Heiligen-

OBEN UND GEGENÜBER
**Kräutersäckchen sind deko-
rativ und parfümieren zu-
gleich dezent den Raum.
Ideal, um sich mit einer
Tasse Tee zurückzulehnen.**

OBEN RECHTS **Einen schw-
eren, haltbaren Winterduft**
**verbreiten Pomander aus
Orangen, die mit Gewürz-
nelken gespickt werden.
Arrangieren Sie mehrere
Pomander in einer Schale,
zusammen mit Kräutern und
Gewürzen wie Lorbeer,
Eukalyptus, Wacholder-
beeren und Zimt.**

Fein verpackt

Eine Tasche in einem Kissen lädt dazu ein, sie mit Kräutern zu füllen. Gut dafür geeignet sind Eukalyptus (gegenüber), Rosmarin und Lorbeerblätter. Nehmen Sie für eine Mischung ganzer oder zerdrückter Kräuter ein Stück Mousseline und falten Sie es wie einen Briefumschlag um die Kräuter (unten). Binden Sie ein Leinenband um ein Kissen und befestigen Sie die Enden mit einem Knopf oder einigen Stichen. Dann wird das Kräutersäckchen unter das Band geschoben. Einige Tropfen ätherisches Öl intensivieren und verlängern die Wirkung.

UNTEN **Parfümierte Bienenwachskerzen kann man fertig kaufen. Sie sind aber auch ganz leicht selbst herzustellen, indem man getrocknete Kräuter in das Wachs rührt. Mit Lavendelzweigen garniert und hübsch verpackt eignen sie sich perfekt als ein kleines Geschenk.**

Holzige Kräuter im Kaminfeuer geben dem Rauch an Winterabenden einen wundervollen Duft.

OBEN RECHTS UND GEGENÜBER **Wer einen offenen Kamin hat, sollte ab und zu getrocknete Kräuter auf die Glut werfen und den herrlichen Duft genießen. Rosmarinzweige zwischen den gestapelten Scheiten sehen hübsch aus und duften angenehm würzig.**

kraut, Myrte, Thymian und Waldmeister. Verbrennt man holzige Kräuter wie Rosmarin, Lavendel und Lorbeer, füllt sich der Raum mit einem kräftigen, würzigen Duft. Stellen Sie eine Schachtel mit getrockneten Kräutern als Zunder bereit oder werfen Sie ab und zu Kräuter in die Glut. Zwischen die Kaminholzscheite können auch Rosmarinzweige geschichtet werden. Einen anderen wunderbaren Winterduft verbreiten brennende Kerzen. Wer ganz individuelle Duftkerzen haben möchte, kauft sich ein Hobbyset. Bevor das flüssige Wachs in die Gieß-formen gegossen wird, rühren Sie getrocknete, zerkleinerte Kräuter wie Lavendelblüten, Zitro-nenthymian, Minze oder Rosmarin hinein oder träufeln etwas ätherisches Öl ins Wachs.

Ein prächtiger Advents-kranz schafft die richtige Festtagsstimmung.

Eine der traditionellen Arten, Kräuter zur Dekoration zu verwenden, besteht darin, sie zu einem Kranz zu winden. Der hier gezeigte Kranz ist auffällig genug, um als einzige festliche Dekoration des Raums zu dienen.

Für den Unterbau eines Kranzes biegen Sie Draht oder Weide zu einem Ring. Sie können auch einen fertigen Rohling verwenden. Mit dünnem Draht befestigen Sie daran kleine Büschel verschiedener Kräuter. Fülle bekommt der Kranz durch Zweige von Kiefer, Eukalyptus, Lorbeer und Rosmarin. Für Farbe sorgen getrocknete Scheiben von Orangen, Zitronen, getrocknete Lampionblumen und kleine Bündel von Zimtstangen, die zwischen das Grün geschoben werden. Festlich wird der Kranz durch rote Beeren.

Soll der Kranz waagerecht aufgehängt werden, befestigt man ihn am besten an einem eisernen Kronleuchter. Nach den Feiertagen kann man die Kräuterbündel noch im Kamin verbrennen und den herrlich würzigen Duft genießen.

LINKS UND RECHTS **Der Kranz aus Kiefernzweigen, Eukalyptus, Rosmarin, Lorbeer, getrockneten Zitrusscheiben und Bündeln von Zimtstangen leuchtet in festlichen Farben und füllt den Raum mit intensivem Duft.**

Üppige Sträuße getrockneter Kräuter und Flaschen mit Kräutern in Öl oder Essig sind in der Küche ebenso dekorativ wie praktisch.

Im Mittelalter gab es in vielen Häusern eine Vorratskammer mit Brennerei, in der Kräuter aufbewahrt und verarbeitet wurden. Heute finden solche Aktivitäten meist in der Küche statt. Hier werden Kräuter aufbewahrt, gezogen oder – wie in anderen Räumen – zur Dekoration verwendet.

Stellen Sie Kräuter möglichst schnell nach dem Einkauf oder der Ernte in Wasser und an einen schattigen Platz. Küchenkräuter, die zu welken beginnen, geben Sie in einen Gefrierbeutel, den Sie mit Luft füllen und fest verschließen. So halten Sie sich im Kühlschrank noch einige Tage.

Wer Kräuter trocknen will, sollte sie ebenfalls unverzüglich nach der Ernte aufhängen, um Qualität und Farbe zu erhalten. Allerdings verlangt die Trocknung etwas Geduld, weil die Feuchtigkeit nur ganz allmählich aus den Blättern verdunstet. Wischen Sie Reste von Sand oder Erde ab, aber waschen Sie die Kräuter möglichst nicht. Bündeln Sie jeweils nur einige Stiele locker mit Schnur oder Bast, damit die Luft zwischen den Blättern zirkulieren kann. Dann hängen Sie die Sträuße kopfüber an einen warmen, trockenen, dunklen Platz mit guter Belüftung. Lassen Sie die Kräuter etwa eine Woche hängen, bis die Blätter papiertrocken

und spröde sind, aber noch nicht zerfallen. Dann zupfen Sie die Blätter möglichst unversehrt von den Stielen und füllen Sie sie in luftdicht schließende Gläser, die an einem dunklen Platz aufbewahrt werden sollten. Kontrollieren Sie den Vorrat regelmäßig auf Spuren von Feuchtigkeit, Schimmel oder Insekten und werfen Sie sie weg, wenn sie nicht einwandfrei sind. Die meisten getrockneten Kräuter halten sich etwa ein Jahr.

Die beste Möglichkeit, die Farbe und das Aroma zarterer Kräuter wie Basilikum, Schnittlauch, Dill und Estragon zu konservieren, ist das Einfrieren. Tupfen Sie die Kräuter ab und verpacken Sie sie in beschriftete Gefrierbeutel oder -dosen.

OBEN LINKS **Zum Trocknen von Kräutern jeweils einige Stiele zusammenbinden und in einem warmen, dunklen Raum aufhängen.**

OBEN **Kräuteröle und -essige werden in luftdicht schließenden Gläsern und Flaschen an einem schattigen Platz aufbewahrt.**

RECHTS **An der Decke aufgehängte Kräuter sehen sehr attraktiv aus. Sträuße von Salbei, Zitronenmelisse, Rosmarin und Eukalyptus – frisch oder getrocknet – sind ebenso dekorativ wie praktisch.**

RECHTS Der herbe Duft der Weinraute vertreibt Fliegen und Ameisen. Hängen Sie die kleinen Sträuße des Krautes in Küche, Speisekammer oder Hauswirtschaftsraum auf und drücken Sie sie ab und zu zusammen, um den Duft freizusetzen.

UNTEN Hübsche Sträußchen aus Heiligenkraut in den Schubladen schützen die Wäsche vor Motten.

LINKS Fußböden und andere Flächen bekommen einen wunderbar frischen Duft, wenn man sie mit warmem Wasser abwischt, dem ein ätherisches Öl zugesetzt wird (6 Tropfen auf 2 Liter). Empfehlenswert sind Zitrone, Teebaum, Thymian, Lavendel, Sandelholz, Pfefferminze oder Eukalyptus.

RECHTS Holzmöbel duften traumhaft, wenn man eine gute Bienenwachs-Politur mit einigen Tropfen Lavendelöl vermischt und sie mit einem trockenen, weichen Tuch verreibt.

Kräuter haben seit jeher eine wichtige Rolle im Haushalt gespielt, daran hat sich bis heute wenig geändert. Selbst das Putzen kann zu einer angenehmen Tätigkeit werden, wenn man duftende Kräuter oder ätherische Öle verwendet. Sie eignen sich gut, um Fußböden und Ober-flächen zu desinfizieren, um unerwünschte Besucher wie Motten und andere Insekten zu vertreiben und um abgestandene, muffige Luft zu erfrischen.

Ameisen suchen das Weite, wenn man Zweige von Poleiminze, Weinraute oder Rainfarn auf die Regale in der Speisekammer legt. Weinraute vertreibt auch Fliegen, ebenso wie Lavendel, Minze, Beifuß und Poleiminze. Geben Sie die getrockneten Blätter an ein Potpourri oder verwenden Sie sie frisch in Sträußen. Damit die Blätter immer wieder neuen Duft freigeben, sollte man sie gelegentlich bewegen oder drücken. Mehl, Reis oder getrockneten Hülsenfrüchten schützt man vor Käferbefall, indem man einige Lorbeerblätter in die Vorratsbehälter legt.

Es gibt viele hilfreiche Kräuterzubereitungen für den Haushalt, und die meisten sind sanfter zur Haut und zur Umwelt als chemische Reinigungsprodukte.

OBEN Rosen, Pelargonien und Lampionblumen dienen als Farbtupfer in der sommerlichen Girlande aus glatter Petersilie, Lorbeer, Zitronenmelisse, Koriander, Fenchel, Apfelminze, Eukalyptus und Salbei.

RECHTS Hier sind Kräuter nicht nur Bestandteil der großen Tischdekoration. Sie schmücken auch die einzelnen Teller, die Fingerschalen und die kleinen Töpfe.

GANZ RECHTS Mit Minze, Borretsch und Gurkenscheiben ist Eiswasser noch viel erfrischender. Korianderblüten geben ihr zartes Aroma an Pfeffer und Salz ab.

Es macht Spaß, einen sommerlichen Tisch mit frischen Kräutern zu dekorieren. Gerade im Sommer ist die Auswahl an Blüten und Blättern so groß, dass man jedes Detail einem anderen Kraut widmen kann. Legt man beispielsweise Rosmarinzweige um die Servietten, werden die Gäste die zarten, violetten Blüten viel besser wahrnehmen.

Wählen Sie ein schlichtes, natürliches Tischtuch, vielleicht aus ungefärbtem Leinen. So können die Kräuter die Hauptrolle spielen und müssen nicht mit Stoffmustern konkurrieren. Eine Tischdekoration sollte den Blick in die Höhe führen – das lässt sich ganz einfach mit Kerzenhaltern erreichen. Kaufen Sie im Blumengeschäft Steckschaum-Blöcke und legen Sie sie in Wasser, damit sie sich voll saugen. Werden sie regelmäßig befeuchtet, halten sich die Kräuter mehrere Tage lang. Für einen vierarmigen Leuchter schneiden Sie zwei passende Stücke Schaum zu und befestigen sie mit Floristenband an den Armen. Rosmarin, Eukalyptus, Zitronenmelisse, Petersilie, blühen-

Ein sommerliches Menü bekommt einen stilvollen Rahmen, wenn man die zarten Düfte frisch geschnittener Blumen mit den kräftigeren Aromen von Küchen- und Salatkräutern kombiniert.

Jeder Platz ist mit einem Kräuter-Serviettenring dekoriert. Duftende Kräuter schwimmen in den Finger-schalen und in winzigen Kräuter-töpfchen stecken Namensschilder als Platzkarten.

de Apfelminze und verschiedene Duftblattpelar-gonien bilden eine gute Grundlage. Dazwischen arrangieren Sie zartere Kräuter und Blüten, etwa von Koriander, sowie einige altmodische, gefüll-te Rosen. Mit einer Kombination aus Duft- und Küchenkräutern lassen sich sehr schöne Arrangements gestalten, vor allem, wenn die Küchenkräuter auch für das Menü verwendet werden.

Wählen sie zu der schlichten Tischdecke de-zentes Geschirr und Besteck, das der Kräuterdekoration optisch den Vortritt lässt. Arrangieren Sie die Kräuter locker und zwang-los, orientieren Sie sich an ihrem natürlichen Wuchs im Garten und verteilen Sie einige locker auf dem Tisch.

GEGENÜBER, LINKS **Ein Rosmarinzweig, zu einem lockeren Kranz gebogen, ist eine schöne Alternative zu einem Serviettenring.**

GEGENÜBER, RECHTS **Die holzigen Stiele der Zitronenmelisse kann man ganz einfach zu Tischsets verweben. Stellt man einen heißen Teller darauf, geben sie ihr herb-frisches Aroma frei.**

OBEN **Minze und Zitronenmelisse schwimmen in den kleinen Glasschalen und laden die Gäste ein, zwischen den Gängen ihre Finger zu erfrischen.**

OBEN RECHTS **Schreiben Sie die Namen der Gäste auf kleine Kupferschilder und stecken Sie sie als Platzkarten in winzige Kräutertöpfchen.**

tern wie Basilikum, Minze, Estragon, Koriander und glatter Petersilie ist ein hübsches Detail, das die Gäste einlädt, zuzugreifen und eine Hand voll Blätter über ihr Essen zu streuen.

Wenn der Esstisch im Wintergarten steht oder das Esszimmer reichlich Tageslicht bekommt, nutzen Sie diesen Vorteil und stellen Sie Kübel mit Kräutern auf. Rahmen Sie den Tisch mit Töpfen voll sinnlicher Küchen- und Duftkräuter ein. Wer eine langfristige Raumdekoration mit Kräutern plant, könnte sie in ungewöhnliche Gefäße wie Porzellanschüsseln oder alte Schornsteinköpfe pflanzen. Romantisch sehen hängende Kräuter in Ampeln aus, etwa kriechende Formen von Rosmarin, Salbei, Thymian, Katzenminze oder die farbenfrohe Kapuzinerkresse.

Kräuter welken schnell, darum müssen sie in reichlich Wasser stehen. Eine halbe Stunde vor Ankunft der Gäste sollten Sie die losen Kräuter mit Wasser besprühen, damit sie frisch aussehen. Eine Schüssel mit frisch zerpflückten Kräu-

OBEN **Eine Vase mit frischen Kräutern wie Basilikum und Minze ist ein gutes Mittel, um die Konzentration zu fördern.**

LINKS **Schreibpapier kann man mit einigen Tropfen eines ätherischen Öls parfümieren und mit gepressten, getrockneten Kräutern verzieren. Selbst die Tinte, mit der Sie schreiben, kann duften.**

Es mag zwar etwas ungewöhnlich klingen, Kräuter am Arbeitsplatz aufzustellen, dennoch spricht vieles dafür. Einige Arten beleben den Geist und fördern so die Konzentration oder Kreativität.

Wer gern einen intensiven Duft mag, könnte als Alternative zu frischen Kräutern ein ätherisches Öl auf ein Papiertaschentuch träufeln. Basilikum wirkt belebend und anregend, es wird auch zur Behandlung von Depressionen verwendet. Auch Koriander und Eukalyptus haben anregende Wirkung. Geranium und Lavendel wirken erfrischend und entspannend. Zitronenmelisse erfrischt mit ihrem herben Duft und Thymian wird zum Bekämpfen von Depressionen und Abgespanntheit empfohlen.

Auch Ihr Papier kann duften, wenn Sie einige Tropfen ätherisches Öl darauf geben. Kleben Sie getrocknete Kräuter auf Papier oder legen Sie sie lose in einen zusammengefalteten Brief. Dafür brauchen Sie keine aufwändige Blumenpresse. Legen Sie einfach eine schöne Blüte oder ein makelloses Blatt zwischen zwei Lagen Löschpapier, Zeitung oder Aquarellpapier und schieben alles in ein dickes Buch. Stapeln Sie drei oder vier weitere schwere Bücher darauf und warten Sie einige Wochen, bis die Kräuter getrocknet sind.

Selbst Tinte lässt sich parfümieren. Bedecken Sie 25 g getrocknete, duftende Kräuter (geeignet sind Myrte, Lavendelblüten, Zitronenverbene, Duftblattpelargonien oder Rosmarin) mit Wasser und kochen es auf. Lassen Sie die Mischung 30–40 Minuten köcheln, bis sie auf etwa 4 Esslöffel reduziert ist. Dann abgießen, filtern, abkühlen lassen und in ein Glas gewöhnlicher Tinte geben.

Erfrischende, anregende Kräuter machen einen Arbeitsplatz gleich viel einladender. Da geht auch das Briefeschreiben besser von der Hand.

LINKS **Kräuter mit farbigen Blüten kann man genau wie andere Wildblumen trocknen und pressen und für dekorative Arrangements verwenden.**

Kleine, duftende Sträußchen sind eine reizende
Liebeserklärung. Früher verwendete man sie auch,
um sich vor gefährlichen Krankheiten zu schützen.

Im Mittelalter waren Nasenschmeichler sehr beliebt. Die kleinen Sträußchen aus duftenden Kräutern dienten nicht nur
dazu, unangenehmere Gerüche zu überdecken. Man glaubte
auch, dass sie ihren Träger vor Krankheiten schützten. Und
weil jede Blüte und jedes Kraut eine spezielle Bedeutung
hatte, spielten sie auch in Liebeserklärungen eine besondere
Rolle. So konnte ein Verehrer beispielsweise ein Sträußchen
aus Minze für Tugend, Vergissmeinnicht für wahre Liebe,
Goldmajoran für das Erröten, Myrte für Liebe, Rosmarin für
Erinnerung und Efeu für Treue zusammenstellen. Übernach-
tungsgäste freuen sich über so ein Sträußchen auf dem Kopfkissen oder dem Nachttisch, selbst wenn die Bedeutung der
verwendeten Blumen und Kräuter nicht kennen.

Um ein Schlafzimmer im Winter mit sommerlichen Düften
zu füllen, besprühen Sie die Bettwäsche mit einem Wäsche-
spray oder träufeln Sie einige Tropfen ätherisches Öl auf die
Kissen. Kamille, Lavendel, Zitronenmelisse und Oregano fördern den erholsamen Schlaf.

Mit Duft bekränzt

OBEN Aus den langen,
holzigen Stielen der Katzenminze lassen sich schnell
und einfach kleine Kränze
winden.

OBEN RECHTS Weil Laven-
del stabil und zugleich flex-
ibel ist, kann man ihn ausgezeichnet in verschiedene
Formen bringen.

Wer im Winter, wenn frische Kräuter Mangelware sind, einen
Raum parfümieren möchte, kann ätherische Öle in einer Duft-
lampe verdunsten lassen. Geben Sie einige Tropfen Öl in das
Wasser in der Schale und erhitzen Sie dieses mit einem Teelicht.

Kränze und Girlanden erfüllen den gleichen Zweck wie Potpourris. Man kann sie an Türen und Bettpfosten hängen oder
einfach als Begrüßung für Gäste auf das Kopfkissen legen. Für
Kränze und Girlanden eignen sich allerdings nur Kräuter mit
kräftigen, biegsamen Stielen, die beim Winden nicht abknicken
oder brechen. Für einen Kranz aus frischen Kräutern könnten
Sie Katzenminze, Zitronenmelisse, Majoran, Minze und Duftblattpelargonien verwenden. Rosmarin, Lavendel, Lorbeer, Myrte und
Eukalyptus lassen sich frisch und getrocknet gut verarbeiten.

DIESE SEITE **Der Duft von Lavendel wirkt sehr entspannend und fördert den erholsamen Schlaf. Welches Kraut könnte sich also besser für die Dekoration eines Schlafraumes eignen?**

Es gibt kaum einen besseren Weg zur Reinigung der Haut und Belebung oder Entspannung des ganzen Körpers als ein duftendes Kräuterbad.

Manche Kräuter wirken belebend, andere beruhigen Geist und Körper und fördern den friedlichen Schlaf. Zur Anregung empfehlen sich Basilikum, Lorbeer, Eukalyptus, Zitronenverbene, Minze, Rosmarin, Salbei und Thymian. Wer Entspannung sucht, sollte Kamille, Lavendel oder Zitronenmelisse wählen.

Bei leichten Hautreizungen und zur Beruhigung von trockener, sensibler Haut probieren Sie Ringelblume, Beinwell, Fenchel, Frauenmantel, Petersilie und Krauseminze als Badezusatz.

Alle Kräuter kann man in getrockneter Form für ein Kräuterbad verwenden. Zerreiben oder zerstoßen sie die Blätter und geben Sie sie in ein Mullsäckchen, das einfach ins einlaufende Wasser gehängt wird. Die Wassertemperatur eines Kräuterbades sollte ungefähr Ihrer Körpertemperatur entsprechen. Ist es zu heiß, scheidet die Haut Schweiß aus und kann die Wirkstoffe nicht aufnehmen. Mindestens 10 Minuten sollten Sie im warmen Wasser entspannen, um die Wirkung voll auszukosten.

Lavendel-Spray

Für ein leichtes Körperspray füllen Sie einen Zerstäuber mit destilliertem Wasser und geben einige Tropfen Lavendelöl zu. Vor Gebrauch gut schütteln.

Handcreme

225 ml Rosenwasser
60 ml Speisestärke
60 ml Glyzerin
3 Tropfen Kamillenöl

Rosenwasser, Glyzerin und Speisestärke vermischen und in einem Wasserbad langsam erhitzen, bis die Mischung eindickt. Abkühlen lassen. Das Öl einrühren und in eine Dose mit Schraubdeckel füllen.

Fußbad

frische Blätter von Eukalyptus, Lavendel, Zitronenmelisse, Thymian, Majoran, Minze

Eine gute Handvoll frischer Kräuter mit 2 Teelöffel Salz in eine große Schüssel streuen und heißes Wasser aufgießen. Die Füße mindestens 10 Minuten baden und dabei den wunderbaren Duft des Wassers einatmen.

Rosenwasser-Tonic

160 ml Rosenwasser
150 ml Hamameliswasser
6 Tropfen Glyzerin

Alle Zutaten in eine Flasche füllen und vor Gebrauch gut schütteln.

Essigbad

Die Blätter von Zitronenmelisse und Poleiminze in Apfelessig aufkochen. Über Nacht ziehen lassen, dann abgießen. Für ein erfrischendes Bad ins warme Wasser geben..

Massageöl

5 Tropfen Lavendelöl
5 Tropfen Neroliöl
6 Tropfen Weihrauch
50 ml Mandelöl

Alle Öle in eine fest schließende Flasche füllen und gut schütteln. Behutsam in die Haut einmassieren, um sie zu festigen und Dehnungsstreifen vorzubeugen.

Lippenbalsam

Öl von Eukalyptus, Zitrone, Thymian, Jasmin, Lavendel, Geranium, Wacholder oder Pfefferminze

2 Tropfen Ihres Lieblingsöls mit 1 Esslöffel erwärmter Kakaobutter vermischen und in eine kleine Dose mit Schraubdeckel füllen. Abkühlen lassen.

Wundspülung

Zu den Ölen mit antiseptischer Wirkung gehören Thymian, Lavendel, Teebaum und Eukalyptus. Geben Sie 8 Tropfen eines der Öle in eine kleine Schüssel mit Wasser und tupfen Sie die Mischung auf kleine Verletzungen.

Ätherische Öle dürfen nicht unverdünnt verwendet und niemals ohne ärztlichen Rat eingenommen werden.

Mit ätherischen Ölen oder
Essenzen von frischen
Kräutern lassen sich viele
Körperpflegemittel her-
stellen, die das sinnliche
Vergnügen des Badens
noch steigern.

Kräuterküche

Essige, Dressings, Öle und Buttermischungen

Essige und Dressings erhalten durch Kräuter ein leicht exotisches Aroma und es gibt viele Kräuter, die sich für diesen Zweck bestens eignen. Mit aromatisiertem Essig kann man fruchtigen Sirup und Dressings würzen, aber auch den Satz vom Anbraten von Fisch oder Fleisch ablöschen.

Estragonessig

2 Zweige Estragon (oder
*   Thymian, Lavendel,*
*   Schnittlauch)*
500 ml Weißweinessig

Ergibt 500 ml

Die Kräuter in den Essig geben und an einem sonnigen Platz 3–4 Tage durchziehen lassen. Nach Geschmack dosieren.

Estragonessig-Dressing

1 Esslöffel Estragonessig
4 Esslöffel Haselnussöl
2 Esslöffel kalt gepresstes
*   Olivenöl*
1/2 Teelöffel Zucker
Meersalz und frisch gemahlener
*   schwarzer Pfeffer*

Zuerst den Estragonessig zubereiten (siehe oben). Alle Zutaten gründlich vermischen und nach

Gemischtes Kräuterdressing

Durch immer neue Kräuterkombinationen sind unzählige Variationen möglich.

2 Esslöffel gehackte, gemischte
*   Kräuter: Basilikum, Kerbel,*
*   Schnittlauch, Petersilie und*
*   Minze*
125 ml kalt gepresstes Olivenöl
1 Esslöffel Balsamico-Essig
1 Esslöffel Dijon-Senf
1 Knoblauchzehe, leicht
*   zerdrückt*
Meersalz und frisch gemahlener
*   schwarzer Pfeffer*

Ergibt 150 ml

Die gehackten Kräuter mit dem Olivenöl verrühren. Essig und Senf unterschlagen, dann abschmecken und den Knoblauch zufügen. Das Dressing kann bis zu 2 Tagen im Kühlschrank aufbewahrt werden. Vor der Verwendung auf Zimmertemperatur erwärmen lassen.

Korianderdressing
mit Soja und Sesam

Dieses Dressing passt gut zu herzhaften Gemüsesalaten, man kann es aber auch über gegrilltes Hähnchen oder gebratene, aufgeschnittene Entenbrust träufeln.

2 Esslöffel gehackter Koriander
1 Esslöffel dunkle Sojasauce
1 Esslöffel flüssiger Honig
1 Esslöffel grobkörniger Senf
2 Teelöffel Reisessig
1 Esslöffel Sesamöl
5 Esslöffel Erdnussöl

Ergibt 125 ml

Alle Zutaten gut verrühren und nach Geschmack dosieren.

Basilikumöl

Tomatensalat gewinnt durch dieses Öl an Aroma und Farbe.

*25 g frische
Basilikumblätter (alter
nativ Petersilie)
300 ml kalt gepresstes
Olivenöl
1 Prise Meersalz und
frisch gemahlener
schwarzer Pfeffer*

Ergibt etwa 200 ml

Basilikumblätter, Öl und Salz im Mixer zu einer leuchtend grünen Masse verarbeiten. Über Nacht ziehen lassen, dann das Öl durch ein Mousseline-Tuch absieihen. Das Öl kann im Kühlschrank aufbewahrt werden. Vor der Verwendung sollte es jedoch auf Zimmertemperatur erwärmt werden.

Thymianöl mit Zitrone und Chili

Für ein schnelles Essen vermischen Sie gekochte Nudeln mit einem Schuss dieses Öls. Dazu gedünstete Pilze und frisch geriebenem Pecorino.

*4 Zweige Thymian
4 Stücke Zitronen-
schale, in dünne Strei-
fen geschnitten
2 kleine, rote
Chilischoten, in dünne
Scheiben geschnitten
600 ml kalt gepress-
tes Olivenöl*

Ergibt etwa 600 ml

Thymian, Zitronenschale und Chilischeiben mit dem Öl in einer Flasche 7–10 Tage durchziehen lassen, dann absieihen und in eine saubere Flasche füllen.

Duftendes Thai-Öl

Träufeln Sie dieses Öl einmal über gedämpften Fisch oder geben Sie es an eine Marinade.

*2 Stiele Zitronengras,
längs halbiert
6 Kaffir-Limettenblätter
oder Limettenschale
2 Scheiben Galgant-
oder Ingwerwurzel
1 kleine, rote Thai-Chili
600 ml Sonnen-
blumenöl*

Ergibt etwa 600 ml

Kräuter und Gewürze leicht zerdrücken und in eine weithalsige Flasche geben. Mit Öl auffüllen. Vor der Verwendung 7–10 Tage an einem kühlen Platz durchziehen lassen.

Rosmarinöl mit Knoblauch und Pfeffer

Um den Geschmack dieses Würzöls voll auszukosten, tunken Sie einmal frisches Focaccia oder Ciabatta hinein oder träufeln Sie es auf eine frisch gebackene Pizza (siehe Seite 98).

*4 Zweige Rosmarin
2 Knoblauchzehen, in
Scheiben geschnitten
1 Esslöffel schwarze
Pfefferkörner, grob
zerstoßen
600 ml kalt gepresstes
Olivenöl*

Ergibt etwa 600 ml

Rosmarin, Knoblauchscheiben und Pfefferkörner mit dem Öl in einen kleinen Topf geben und sanft erhitzen, bis es eben zu kochen beginnt. 1 Minute köcheln lassen, dann über Nacht abkühlen und durchziehen lassen.

Am nächsten Tag das Öl absieihen und in eine saubere Flasche geben. Zur Dekoration einen Rosmarinzweig und einige schwarze Pfefferkörner zugeben.

Das Einlegen von Kräutern in Öl ist die ideale Lösung, um Kräuter zu konservieren und das Öl zu aromatisieren. Gewürzte Öle eignen sich für Salate und Marinaden. Man kann sie über Fleisch und Fisch vom Grill träufeln oder einfach in ein Schälchen geben und zu frisch gebackenem Brot servieren.

Kräuterbutter ist schnell gemacht und gibt gekochtem Fisch und Geflügel besonderen Pfiff. Verrühren Sie einfach ihre Lieblingskräuter mit weicher Butter und geben Sie noch einen Hauch Pfeffer bzw. Zitronensaft zu. Dann nur noch in Frischhaltefolie wickeln und kalt stellen.

Fenchelbutter mit Zitrone

Der Geschmack von Fenchel passt ausgezeichnet zu Fisch. Besonders köstlich ist es, wenn man einen Esslöffel dieser Butter auf einem gebratenen Lachsfilet schmelzen lässt.

*125 g leicht gesalzene,
    weiche Butter
2 Esslöffel gehacktes Fenchel-
    grün abgeriebene Schale
    von 1/2 Zitrone
1 Prise frisch gemahlener
    schwarzer Pfeffer*

Ergibt etwa 125 g

Butter, Fenchel, Zitronenschale und Pfeffer in einer Schüssel verrühren, bis die Butter gleichmäßig grün getupft ist. Zu einer Rolle formen, in Frischhaltefolie wickeln und bis zum Verbrauch kalt stellen.

Korianderbutter mit Frühlingszwiebeln

Herber Koriander und milde Frühlingszwiebeln ergeben eine Kombination, die hervorragend zu Kartoffelpüree schmeckt.

*125 g leicht gesalzene,
    weiche Butter
2 Esslöffel gehackter Koriander
1 Frühlingszwiebel, fein gehackt*

Ergibt etwa 125 g

Wie die Fenchelbutter zubereiten, jedoch statt Fenchel Koriander und Frühlingszwiebel verwenden. Bis zum Verbrauch kalt stellen. Unter heißes Kartoffelpüree rühren.

Pfeffer-Schnittlauch-Butter

Probieren Sie diese würzige Butter mit mildem Zwiebelaroma einmal zu gebratenem Dorschfilet.

*125 g leicht gesalzene,
    weiche Butter
2 Esslöffel gehackter Schnittlauch
1 Esslöffel gemischte Pfeffer-
    körner, grob zerstoßen*

Ergibt etwa 125 g

Wie die Fenchelbutter zubereiten, jedoch auch hier die Zutaten ersetzen. Bis zum Verbrauch kalt stellen.

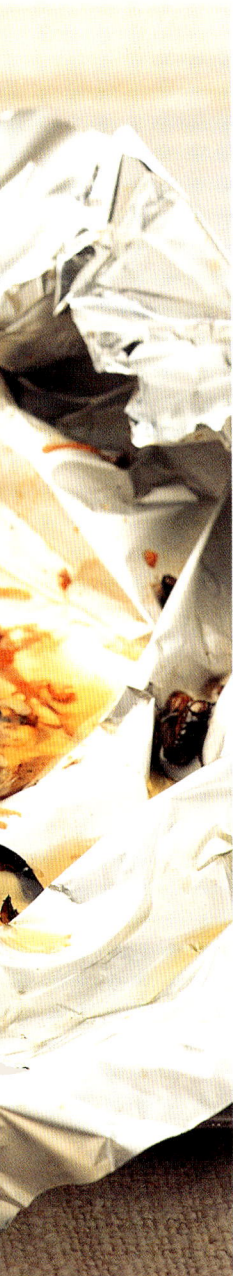

Snacks und Vorspeisen

Gebackener Ricotta mit frischen Kräutern und Chili

Diese leichte Mahlzeit lässt sich ganz einfach zubereiten. Wer keinen kleinen Ricotta-Laib bekommt, verwendet stattdessen ein keilförmiges Stück vom großen Laib.

450 g Ricotta am Stück
2 Knoblauchzehen, in Scheiben geschnitten
1 rote Chili, entkernt und in Ringe geschnitten
½ TL Koriandersamen, leicht zerdrückt
4 Esslöffel kalt gepresstes Olivenöl
4 frische Lorbeerblätter, leicht zerdrückt
1 Esslöffel frisch geriebener Parmesan, etwas Parmesan
* zum Bestreuen*
Meersalz und frisch gemahlener schwarzer Pfeffer
Basilikumöl (Seite 90) oder Salsa verde (Seite 96)
geröstetes Brot als Beilagen

Ergibt 4–6 Portionen

Ein Backblech mit Alufolie auslegen und den Ricotta darauf setzen. Knoblauch, Chili, Koriandersamen und Öl in einer Schüssel verrühren. Die Ölmischung auf den Käse träufeln, die Lorbeerblätter darunter schieben.

Den Käse mit Parmesan, Salz und Pfeffer bestreuen und im vorgeheizten Backofen bei 190° C (Gas Stufe 5) etwa 20 Minuten backen. Nach der Hälfte der Zeit mit dem Öl beträufeln.

Zum Servieren den Ricotta auf geröstetes, mit Basilikumöl oder Salsa verde beträufeltes Brot streichen und mit frischem Parmesan bestreuen

Kräutersaucen und -pasten kann man als Dip zu rohem Gemüse servieren oder auf Fisch und Geflügel vom Grill streichen. Ein traditioneller Snack aus dem Mittleren Osten, den man auf der Straße verzehrt, sind hart gekochte Eier, in Papier verpackt und mit Zhatar gewürzt.

Salsa verde

25 g Petersilienblätter
15 g gemischte Kräuter wie Basilikum, Schnittlauch, Koriander und Minze
1 Knoblauchzehe, gehackt
12 grüne Oliven ohne Stein
1 Esslöffel Kapern, abgespült und abgetropft
2 Anchovisfilets, abgespült und gehackt
1 Teelöffel Dijon-Senf
1 Teelöffel Zitronensaft
125 ml kalt gepresstes Olivenöl
Meersalz und frisch gemahlener schwarzer Pfeffer
Gemüse und Brot als Beilage

Ergibt 6 Portionen

Alle Zutaten mit Ausnahme des Öls in einen Mixer geben und zu einer glatten Paste verarbeiten. Langsam das Öl unterrühren, dann mit Salz und Pfeffer abschmecken. Zu gekochtem Gemüse oder frischem Brot servieren.

Zhatar

15 g Thymianblätter
1 ½ Esslöffel Sesamsamen, geröstet
¼ Teelöffel Sumak (Essigbaumfruchtgewürz)
¼ Teelöffel Salz

Ergibt 4 Portionen

Alle Zutaten im Mixer zu einem feinen Pulver zerkleinern. Zu hart gekochten Eiern servieren.

Zhug

25 g Korianderblätter
2–4 Knoblauchzehen
1 Teelöffel Kümmelsamen
1 Teelöffel Kreuzkümmelsamen (Kuminsamen)
Samen aus 3 Kardamomkapseln
1 große rote Chili, entkernt und gehackt
2 Esslöffel kalt gepresstes Olivenöl
Meersalz und frisch gemahlener schwarzer Pfeffer

Ergibt 4 Portionen

Alle Zutaten in einem Mixer zu einer glatten Masse verarbeiten. Mit Salz und Pfeffer abschmecken und zu Fladenbrot vom Holzkohlegrill servieren.

Kleine Pizzen mit Kräuteröl

Servieren Sie statt heißem Knoblauchbrot zur Abwechslung einmal diese kleinen Pizzen, beträufelt mit duftendem, würzigem Öl.

250 g Weizenmehl
1 Esslöffel Trockenhefe
1 Teelöffel Meersalz
1 Esslöffel kalt gepresstes Olivenöl

Kräuterbelag
2 große Knoblauchzehen,
  in Scheiben geschnitten
Blätter von 4 Zweigen Rosmarin
Rosmarinöl mit Knoblauch und Pfeffer
  (siehe Seite 90)

Ergibt 4 kleine oder 2 größere Pizzen

Das Mehl in eine Schüssel sieben, mit Hefe und Salz vermischen. Das Öl langsam zugießen und mit den Knethaken des Handrührers unterrühren. Heißes Wasser (ca. 120 ml) zufügen, bis ein leicht klebriger Teig entsteht. 10 Minuten durchkneten.

Den Teig zu einer Kugel formen, in eine eingeölte Schüssel legen und mit Frischhaltefolie abdecken. Etwa 1 Stunde gehen lassen, bis sich das Teigvolumen verdoppelt hat. Den Backofen auf 230° C (Gas Stufe 8) vorheizen und auf der obersten Schiene ein Backblech zum Anwärmen einschieben.

Den Teig durchkneten und in 2 oder 4 Portionen teilen. Jede Portion auf einer leicht bemehlten Arbeitsfläche zu einem runden Fladen ausrollen. Rosmarinblätter und Knoblauch mit 6–8 Esslöffeln Würzöl verrühren und etwas von der Mischung auf den Teig träufeln.

Den Fladen auf das Blech legen und 10–12 Minuten backen, bis er goldbraun und aufgegangen ist. Nochmals mit etwas Würzöl beträufeln. Die übrigen Pizzen ebenso zubereiten und jeweils frisch aus dem Ofen servieren.

Vietnamesische Krabben-Kräuter-Rollen

Glasnudeln, Krabben und duftende Kräuter werden in Reispapier gehüllt und zu nuóc cham – der traditionellen vietnamesischen Dip-Sauce – serviert.

Zuerst die nuóc cham zubereiten. Fischsauce, Zucker, Chili und Limettensaft in eine Schüssel geben. 2 Esslöffel Wasser zugeben und 1 Stunde ziehen lassen.

Die Nudeln in einem großen Topf mit leicht gesalzenem Wasser 3 Minuten kochen. Abgießen, kalt abschrecken und gut abtropfen lassen, dann mit 1 Esslöffel der Sauce vermischen.

Die Reispapierblätter nacheinander wenige Sekunden lang in kaltes Wasser tauchen, bis sie geschmeidig werden. Die Blätter nebeneinander flach auslegen. Auf jedes Blatt eine kleine Hand voll Nudeln, 2–3 Krabben, einige Erbsen- oder Bohnenkeimlinge und Kräuterblätter verteilen.

Die Enden der Reispapierblätter überschlagen, dann die Blätter aufrollen. Mit dem Dip servieren.

nuóc cham

3 Esslöffel Fischsauce
2 Esslöffel Zucker
1 große rote Chili, entkernt
 und fein gehackt
Saft von ½ Limette

1 kleines Packet Glasnudeln
12 runde Reispapierblätter
 (Asiatischer Lebensmittelhandel)
24–36 gegarte Krabben, geschält
50 Erbsen- oder Bohnenkeimlinge
12 Blätter Thai-Basilikum
 (nach Geschmack)
12 Blätter Minze
12 Blätter Koriander

Ergibt 6 Portionen

Hauptgerichte

Seebarsch mit duftendem Thai-Öl

Für dieses Gericht brauchen Sie zwei Woks oder große Bambus-
dämpfer. Am einfachsten ist es, den Fisch auf große Stücke Alufolie
zu legen und diese auf die Gitter der Woks oder auf den Boden
der Dämpfer zu legen. So fängt die Folie den köstlichen Saft auf.

Die Fische von innen und außen waschen, die Seiten mit
einem scharfen Messer mehrmals schräg einschneiden.
Je 2 Fische auf ein großes Stück Alufolie legen.

Ingwer, Zwiebel und Knoblauch in einer Schüssel verrühren. Etwas von der Mischung zusammen mit einigen
Limettenscheiben und Korianderzweigen in die Bauch-
höhlen der Fische geben, den Rest über die Fische streuen.

Tamari, Mirin und 2 Esslöffel Thai-Öl in einer Schüssel verrühren und die Fische mit der Mischung beträufeln. Die
Fische in Alufolie wickeln. Die Folienpäckchen auf die
Gitter in 2 Woks oder auf den Boden von 2 Dämpfern
legen. Die Deckel fest auflegen und die Fische 12 Minuten
dämpfen. Vom Herd nehmen und 5 Minuten ruhen lassen.

Die Fische mit gehacktem Koriander bestreuen und mit
dem eigenen Saft, gedämpftem Reis und gedämpftem
Chinakohl servieren.

*4 Seebarsche, je ca. 500 g,
    küchenfertig*
*5-cm-Stück frische Ingwer-
    wurzel, geschält und in
    Scheiben geschnitten*
*4 Frühlingszwiebeln,
    fein gehackt*
*2 Knoblauchzehen, in
    Scheiben geschnitten*
*1 Limette, in Scheiben
    geschnitten*
4 große Zweige Koriander
*4 Esslöffel Tamari (japanische
    Sojasauce)*
*2 Esslöffel Mirin (süßer
    japanischer Reiswein)*
*6 Esslöffel duftendes Thai-Öl
    (siehe Seite 90)*
*gehackte Korianderblätter,
    gedämpfter Reis und
    Chinakohl als Beilagen*

Ergibt 4 Portionen

Meerbarben-Saltimbocca mit Orange und Salbei

Eine maritime Variation der italienischen Saltimbocca aus Kalbsschnitzeln mit Parmaschinken und Salbei. Meerbarbe ist ein kräftiger Fisch, der sich mit den intensiven Aromen von Schinken und Salbei gut verträgt. Die herb-süße Orangensauce mit Kapern passt perfekt dazu.

2 Orangen
8 große Meerbarbenfilets, geschuppt
frisch gemahlener schwarzer Pfeffer
8 Scheiben Parmaschinken
16 große Salbeiblätter
3 Esslöffel kalt gepresstes Olivenöl
25 g leicht gesalzene Butter
2 Esslöffel Kapern, abgespült und abgetropft
75 ml Weißwein

Ergibt 4 Portionen

Eine Orange schälen, die Filets auslösen und den Saft in einer Schüssel auffangen. Die andere Orange auspressen und den Saft in die Schüssel geben. Den Fisch waschen, abtrocknen und pfeffern. Die Schinkenscheiben nebeneinander ausbreiten. Auf jede ein Fischfilet und ein Salbeiblatt legen. Mit etwas Öl beträufeln. Von der schmaleren Seite her die Schinkenscheiben aufrollen, dabei Fischfilets einhüllen. Den Schinken mit Zahnstochern feststecken.

Das restliche Öl und die Butter in einer ofenfesten Bratpfanne erhitzen. Die Fischröllchen kurz von allen Seiten anbräunen. Kapern, Wein, Orangensaft und die restlichen Salbeiblätter zugeben. Mit Alufolie abdecken und im vorgeheizten Backofen bei 200° C (Gas Stufe 6) etwa 8 Minuten garen. Die Pfanne aus dem Ofen nehmen, die Röllchen auf eine vorgewärmte Platte legen und 5 Minuten ruhen lassen.

Inzwischen die Orangenfilets in die Pfanne geben und auf dem Herd kurz erwärmen. Die Saltimbocca mit der Sauce zu einem grünen Salat servieren. Dazu frisches Brot zum Auftunken reichen.

Chili-Steak mit Avocado-Koriander-Salsa

Die marinierten Steaks können auf dem Elektro-
oder Holzkohlegrill zubereitet werden. Die Schärfe
der Chili wird durch milde Avocado und Crème
fraîche besänftigt. Für ein edles Sandwich lassen
Sie die Steaks abkühlen, schneiden sie in Streifen
und füllen sie mit je einem Klecks Salsa und Crème
fraîche oder saurer Sahne in Pita-Brote.

4 Filetsteaks, je ca. 200 g
2 Esslöffel scharfe Chilisauce oder Harissa-Paste
2 Esslöffel Olivenöl
4 Esslöffel Crème fraîche oder saure Sahne
Korianderblätter zum Garnieren

Avocado-Koriander-Salsa

1 große, reife Avocado
2 reife Tomaten, gehäutet, entkernt und gewürfelt
frisch gepresster Saft von ½–1 Limette
1 Knoblauchzehe, zerdrückt
1 kleine rote Chili, entkernt und gehackt
2 Esslöffel gehackter Koriander
1 Esslöffel kalt gepresstes Olivenöl
Meersalz und frisch gemahlener schwarzer Pfeffer

Ergibt 4 Portionen

Die Steaks in eine flache Schale legen und rundum mit
der Chilisauce und dem Öl bestreichen. Bei Zimmertemperatur 1–4 Stunden marinieren lassen.

Kurz vor der Zubereitung die Avocado halbieren und
den Kern auslösen. Mit einem Teelöffel das Fruchtfleisch
in eine Schüssel schaben. Tomate, Limettensaft, Knoblauch, Chili, Koriander und Öl unterrühren und mit Salz
und Pfeffer abschmecken.

Den Grill oder eine Grillpfanne 3–4 Minuten stark erhitzen. Die Steaks von jeder Seite 2 Minuten braten,
dann 5 Minuten ruhen lassen.

Die Steaks mit der Avocado-Koriander-Salsa, der Crème
fraîche und Korianderzweigen servieren.

1 Hähnchen aus Freilandhaltung,
  ca. 1,75 kg
25 g frische Curryblätter
  (oder 15 g getrocknete)
125 g leicht gesalzene Butter
1 Zitrone, halbiert
1 Knolle Knoblauch, in Zehen zerteilt
Meersalz und frisch gemahlener
  schwarzer Pfeffer

Ergibt 4 Portionen

Gebackenes Butterhähnchen mit Curryblättern

Frische oder getrocknete Curryblätter sind in vielen asiatischen
Lebensmittelgeschäften erhältlich.
Wer sie nicht bekommt, kann
stattdessen Estragonzweige verwenden.

Das Hähnchen waschen und mit Küchenpapier abtrocknen. Die
Bauchhöhle mit Salz und Pfeffer ausreiben, dann einige Zweige
Currykraut einschieben. Das Fleisch der Keulen mehrmals schräg
einschneiden. Die restlichen Curryblätter hacken oder zerreißen,
in eine Schüssel geben und mit der Butter verrühren.

Die Haut des Hähnchens vom Fleisch lösen. Dazu die Finger vom
Halsende her unter die Haut schieben. Die Haut vom Brustfleisch
abheben und die Hälfte der Butter darunter streichen. Die restliche Butter auf dem Hähnchen verteilen und gut in die Einschnit-
te einreiben. Eine Zitronenhälfte ausdrücken und den Saft auf das
Hähnchen träufeln, die andere Hälfte in die Bauchhöhle schieben.

Die ungeschälten Knoblauchzehen und die restlichen Curryblätter
in einen Bräter geben. Das Hähnchen darauf setzen und im vorgeheizten Ofen bei 200° C (Gas Stufe 6) etwa 65 Minuten garen.
Die dickste Stelle einer Keule mit einem Stäbchen bis zum Kno-
chen einstechen. Wenn klarer Fleischsaft austritt, ist das Fleisch
gar. Vor dem Tranchieren das Hähnchen 5 Minuten ruhen lassen.

Risotto mit Frühlingskräutern

Ein leichtes duftendes Risotto, in dem das
Aroma der Kräuter perfekt mit dem zarten Reis
und dem cremigen Käse harmoniert. Dazu
schmeckt gegrilltes Lachsfilet oder gebratener
Dorsch besonders gut.

50 g junge Spinatblätter, grob gehackt
50 g gemischte Kräuter wie Kerbel, Minze,
*   Schnittlauch, Petersilie, Estragon, gehackt*
4 Esslöffel kalt gepresstes Olivenöl
1 Zwiebel, fein gehackt
2 Knoblauchzehen, zerdrückt
2 dünne Porreestangen, geputzt, gründlich
*   gewaschen und in Ringe geschnitten*
300 g Arborio-Reis
125 ml trockener Weißwein
50 g Mascarpone
50 g frisch geriebener Parmesan, etwas Parmesan
*   zum Bestreuen*
Meersalz und frisch gemahlener schwarzer Pfeffer

Ergibt 4 Portionen

1,25 Liter Wasser in einem großen Topf kräftig zum
Kochen bringen. Spinat und Kräuter zugeben, wieder aufkochen lassen und rasch abgießen, dabei die
Flüssigkeit auffangen. Spinat und Kräuter unter
kaltem Wasser abschrecken, mit Küchenpapier ab-
tupfen und beiseite stellen.

Das Öl in einer Pfanne mit hohem Rand erhitzen.
Zwiebel, Knoblauch und Porree darin 10 Minuten
andünsten. Den Reis zugeben und unter Rühren
etwa 1 Minute dünsten, bis der Reis glasig ist. Den
Wein zugießen und kochen lassen, bis er beinahe
verdampft ist.

In einem zweiten Topf das aufgefangene Kräuter-
wasser erhitzen, bis es gerade simmert. Eine Kelle
heißes Wasser zum Reis geben und unter Rühren
köcheln lassen, bis es aufgesogen ist. Erst dann eine
weitere Kelle zufügen. So fortfahren, bis das Wasser
aufgebraucht und der Reis gar, aber noch bissfest ist.

Spinat, Kräuter, Mascarpone und Parmesan einrühren. Den Deckel auflegen und 5 Minuten ziehen
lassen. Mit Salz und Pfeffer abschmecken und mit
Parmesan zum Bestreuen servieren.

Beilagen

Gemischter Kräuter-Blattsalat
mit Pinienkern-Dressing

Pinienkerne machen das Dressing cremig und geben ihm ein kräftiges Aroma, das gut zu der Salat- und Kräutermischung passt. Verwenden Sie viele verschiedene Kräuter wie Basilikum, Kerbel, Schnittlauch, Dill, Minze und Petersilie und mischen Sie sie mit allerlei Blattsalaten, etwa Radicchio, Mizuna, Rucola, Romanasalat, Feldsalat, Frisee, rotem Mangold und Senfkohl.

500 g gemischte Blattsalate
100 g gemischte Kräuter

Pinienkern-Dressing

2 Esslöffel Pinienkerne
4 Esslöffel kalt gepresstes Olivenöl
2 Teelöffel Sherryessig
Meersalz und frisch gemahlener schwarzer Pfeffer

Ergibt 4 Portionen

Salatblätter und Kräuter in eine sehr große Schüssel geben.

Für das Dressing 2 Esslöffel Öl in einer Pfanne erhitzen, die Pinienkerne zugeben und 3–4 Minuten gleichmäßig goldbraun anbraten. Abkühlen lassen.

Die Pinienkerne im Mörser zu einem feinen Brei zerstoßen. Das restliche Öl einrühren. Den Essig zufügen und abschmecken. Das Dressing über den Salat geben und gut durchmischen, bis alle Blätter mit dem Dressing benetzt sind. Sofort servieren.

Gegrillter Porreesalat
mit Estragonessig-Dressing

In diesem Salat bilden das rauchige Aroma der Gemüse und die Säure des Dressings, für das der Essig einige Tage im Voraus angesetzt werden muss, einen interessanten Kontrast.

2 kleine Paprikaschoten
350 g dünne Porreestangen, geputzt
Olivenöl
125 g Brechbohnen, geputzt
125 g junge Spinatblätter
50 g schwarze Oliven ohne Kern
1 Rezept Estragonessig-Dressing (siehe Seite 89)
Meersalz und frisch gemahlener schwarzer Pfeffer
Parmesanspäne zum Bestreuen

Ergibt 4 Portionen

Eine große Grillpfanne 3 Minuten stark erhitzen. Die ganzen Paprikaschoten zugeben und unter gelegentlichem Wenden 10–15 Minuten braten, bis sie rundum gebräunt sind. In eine Schüssel geben, mit einem sauberen Geschirrtuch abdecken und abkühlen lassen.

Den Porree in etwas Öl wenden, in die Grillpfanne geben und bei schwacher Hitze 10–12 Minuten rundum anbräunen. Gleichzeitig die Bohnen in einem großen Topf mit kochendem Salzwasser 3–4 Minuten blanchieren. Abgießen, unter kaltem Wasser abschrecken und trocken tupfen.

Die Haut von den Paprikaschoten abziehen, die Schoten halbieren und alle Kerne entfernen. Das Paprikafleisch in Streifen schneiden und mit den Bohnen und den gebräunten Porreestücken mischen. Auf einer großen Platte anrichten und mit reichlich Dressing beträufeln. Mit Parmesanspänen bestreuen und sofort servieren.

Selleriepüree mit Meerrettich

Mit der scharfen Meerrettich-Note ist dieses
Püree die passende Beilage zu Rinderbraten.
Sie können die Petersilie auch durch Minze
ersetzen und das Püree zu Lamm servieren.

4 Esslöffel kalt gepresstes Olivenöl
2 Knoblauchzehen, zerdrückt
6 Frühlingszwiebeln, geputzt und gehackt
500 g Knollensellerie, geschält und fein gewürfelt
500 g Kartoffeln, geschält und fein gewürfelt
75 g Meerrettich, geschält und fein gerieben (oder
 3 Esslöffel geriebener Meerrettich aus dem Glas)
 300 ml Gemüsebrühe
2 Esslöffel gehackte Petersilie
Meersalz und frisch gemahlener schwarzer Pfeffer

Ergibt 4 Portionen

Das Öl in einem Topf erhitzen, Zwiebeln und
Knoblauch zugeben und 5 Minuten andünsten.
Mit einem Schaumlöffel aus dem Topf nehmen
und beiseite stellen. Sellerie, Kartoffeln und
Meerrettich in den Topf geben und ebenfalls
5 Minuten andünsten.

Die Brühe zugießen, den Deckel auflegen und
25–30 Minuten leicht köcheln lassen, bis das
Gemüse gar ist. Ohne Deckel kochen lassen, bis
die Flüssigkeit fast vollständig verdampft ist und
die Masse klebrig wird.

Knoblauch und Zwiebeln einrühren. Petersilie, Salz
und Pfeffer zufügen und grob stampfen, dabei nach
Geschmack noch Olivenöl unterrühren.

Salat aus gebackenen Tomaten mit rotem Basilikum

Diesen attraktiven Salat kann man als Vor-
speise, leichte Mahlzeit oder als Beilage servieren. Wer kein rotes Basilikum bekommt,
kann stattdessen auch grünes verwenden.

6 reife Tomaten, halbiert
1 Esslöffel Olivenöl
2 Kugeln Mozzarella aus Büffelmilch
einige Stiele rotes Basilikum
1 Rezept Basilikumöl
Balsamico-Essig
Mizuna-Blätter oder Rauke
Meersalz und frisch gemahlener schwarzer Pfeffer

Ergibt 4 Portionen

Die halbierten Tomaten in einer Schicht in einen
kleinen Bräter legen, mit dem Olivenöl beträufeln,
kräftig mit Salz und Pfeffer würzen und im vorgeheizten Backofen bei 150° C (Gas Stufe 2) etwa
3 Stunden backen, bis sie geschrumpft sind und
glänzen. Abkühlen lassen.

Kurz vor dem Servieren den Mozzarella in kleine
Stücke zupfen und mit den Tomaten auf einer Platte
anrichten. Mit den roten Basilikumblättern bestreu-
en. Reichlich Basilikumöl und etwas Balsamico-Essig
über den Salat träufeln.

Mit Salz und Pfeffer würzen und mit einigen
Mizuna- oder Rauke-Blättern garnieren.

Süße Verführungen

Pochierte Aprikosen in Estragon-Sirup

Die Aprikosen werden in einem duftenden
Estragon-Vanillesirup gekocht, in dem sie auch
abkühlen. Am besten schmecken die Früchte zu
selbst gemachtem Vanilleeis oder griechischem
Joghurt.

125 g Zucker
2 Stücke Zitronenschale,
  in dünne Streifen geschnitten
1 Vanilleschote, längs aufgeschlitzt
6 große Zweige Estragon, leicht zerdrückt
12 frische Aprikosen, halbiert und entsteint
1 Esslöffel Estragonessig (siehe Seite 89)
  oder Zitronensaft
Vanilleeis oder griechischer Joghurt als Beilage

Ergibt 6 Portionen

Den Zucker mit 300 ml Wasser in einen großen Topf
geben und langsam erhitzen, bis der Zucker aufge-
löst ist. Zitronenschale, Vanilleschote und Estragonzweige zugeben und aufkochen.

Die Aprikosen zugeben und 5 Minuten sanft kochen lassen, bis sie weich werden. Vom Herd
nehmen. Estragonessig und Zitronensaft einrühren
und abkühlen lassen.

Zu Eis oder Joghurt servieren.

Erdbeer-Melonensalat mit Basilikum

Diese duftende Komposition sollte gekühlt serviert werden. Erdbeeren und Basilikum passen erstaunlich gut zusammen, andere Kräuter wie frische Minze, Zitronenverbene oder Zitronenmelisse eignen sich jedoch ebenso gut.

1 Cantaloupe-Melone, halbiert,
  entkernt, geschält und in
  Scheiben geschnitten
250 g Erdbeeren, geputzt
  und halbiert
180 g Muscat de Beaumes
  de Venise oder ein anderer
  Dessertwein
einige Basilikumblätter

Ergibt 4 Portionen

Die Melonenscheiben mit den Erdbeeren in eine große Schüssel geben. Mit dem Dessertwein übergießen und 30 Minuten kalt stellen. Mit den Basilikumblättern bestreuen und sofort servieren.

Zitronen-Rosmarin-Creme mit Himbeeren

Rosmarin und Zitrone passen gut zu cremigen Puddings. Dieses einfache Dessert mit dem erfrischenden Geschmack eignet sich gut für Gäste, weil man es am Vortag zubereiten und in Förmchen über Nacht kalt stellen muss.

600 ml Crème double
4 große Zweige Rosmarin,
  gewaschen und zerdrückt
100 g Zucker
100 ml frisch gepresster
  Zitronensaft
125 g Himbeeren
1 Esslöffel Himbeerlikör oder
  Crème de Cassis

Ergibt 6 Portionen

Crème double und Rosmarinzweige in einem Topf sanft bis an den Siedepunkt erhitzen. Vom Herd nehmen und 20 Minuten ziehen lassen. Den Rosmarin entfernen.

Den Zucker zur Crème double geben und wieder erhitzen. 3 Minuten köcheln lassen. Den Zitronensaft einrühren und die Mischung sofort in Förmchen füllen. Über Nacht kalt stellen.

Die Himbeeren 30 Minuten im Likör marinieren, auf die Creme geben und servieren.

Minz-Eiscreme mit Schoko-Chips

Dieses Eis bekommt seinen frischen Geschmack, indem man Milch und Sahne mit Minze erhitzt. Da kann das industriell hergestellte, grüne Minzeis mit dem künstlichen Aroma nicht mithalten.

500 ml Vollmilch
300 ml Crème double
4 große Minzezweige
5 Eidotter
125 g Zucker
75 g dunkle Schokolade, grob
  gehackt

Ergibt 8 Portionen

Milch, Crème double und Minze in einem Topf bis knapp unter den Siedepunkt erhitzen. Vom Herd nehmen, 20 Minuten ziehen lassen und die Minze entfernen. Wieder erhitzen.

Inzwischen Eidotter und Zucker in einer Schüssel schaumig schlagen. Die heiße Milchmischung unterrühren und alles wieder in den Topf geben. Bei geringer Hitze unter ständigem Rühren erhitzen, bis die Masse an einem Holzlöffel haften bleibt. Nicht aufkochen. In eine saubere Schüssel geben und abkühlen lassen.

Ein Eisgerät nach Anweisung vorkühlen oder die Masse in einer Kunststoffschale einfrieren und stündlich durchrühren. Kurz bevor die Masse fest wird, die Schokostückchen unterrühren.

Kühle Getränke

Long-Island-Eistee mit Zitronenverbene

4 Beutel schwarzer Tee
  (am besten Ceylon)
1 Bund Zitronenverbene
2 Limetten, in Scheiben
  geschnitten
Eiswürfel
Zitronenlimonade

Ergibt 4 Portionen

Die Teebeutel in einen Krug geben und mit 1 Liter kaltem Wasser auffüllen. 1 Stunde kalt stellen, dann die Teebeutel entfernen.

Zitronenverbene, Limettenscheiben und reichlich Eiswürfel in einen großen Krug geben. Den Tee zufügen und mit Zitronenlimonade auffüllen.

Apfelsirup mit Zitronengras

1 Liter naturtrüber Apfelsaft
125 g Zucker
4 große Stiele Zitronengras,
  längs halbiert
Zitronenschnitze, Eiswürfel,
Mineralwasser und
Zitronengrasstiele zum Servieren

Ergibt etwa 750 ml

Apfelsaft und Zucker in einem Topf erhitzen, bis sich der Zucker auflöst. Das Zitronengras zugeben und 10 Minuten köcheln lassen. Abkühlen lassen, dann in eine saubere Flasche abseihen.

Etwas Sirup in hohe Gläser gießen, Eiswürfel und Zitrone zugeben und mit stillem oder sprudelndem Mineralwasser aufgießen. In jedes Glas einen Stiel Zitronengras geben und gut umführen

Melonen-Minze-Frappé

2 große, reife Melonen
15 g Minzeblätter
frisch gepresster Saft
  von 2 Limetten
etwas Honig (nach Geschmack)
Eiswürfel zum Servieren

Ergibt 4 Portionen

Das Melonenfruchtfleisch in einen Mixer geben. Minze, Limettensaft und Honig nach Geschmack zufügen und alles glatt pürieren. Mit Eiswürfeln servieren.

A–Z der Kräuter

Eine Auswahl von Kräutern für die Küche und als Dekoration für den Garten.

(Die angegebene Höhe ist jeweils die maximale Höhe, die eine Art unter optimalen Bedingungen erreicht.)

Agastache foeniculum
Duftnessel
Aromatische, kurzlebige, winterharte Staude mit bis zu 60 cm Höhe während der Blüte. Herzförmige Blätter mit welligen Rändern. Violette oder weißliche Blütenähren im Sommer. Im Frühling im beheizten Anzuchtkasten in Töpfen aussäen. Gedeiht in voller Sonne in durchschnittlichem Boden, bevorzugt aber feuchten Lehm. Getrocknete Blütenstände und Blätter an Potpourris geben.

Allium fistulosum
Winterzwiebel
Winterharte, immergrüne Staude, auch als japanische Zwiebel oder japanischer Lauch bekannt. Blüht vom 2. Jahr an und wird 60–90 cm hoch. Ähnelt der Frühlingszwiebel, hat aber dickere Halme. Verträgt auch starken Frost. Im Frühling in fruchtbaren Boden an einem sonnigen Platz säen oder ältere Horste teilen. Die ganzen Zwiebeln ernten oder das Grün wie Schnittlauch schneiden.

Allium sativum
Knoblauch
Winterharte Staude, die einjährig kultiviert wird. Erreicht 40–60 cm Höhe. Schlanke Halme, die Lauch ähneln. Im Herbst an einen sonnigen Platz pflanzen und ernten, sobald das Laub welkt. Die Knollen kann man im Ganzen

rösten, aber auch an Marinaden und Salatdressings geben und zum Würzen von Fleisch verwenden. Bärlauch *(A. ursinum)* braucht einen schattigfeuchten Standort. Die Blätter an Salate und Suppen geben.

Allium schoenoprasum
Schnittlauch
Winterharte Staude mit schlanken, grünen Halmen und rosa oder pinkfarbenen Kugelblüten. Je nach Art und Sorte 30–40 cm hoch bei einer Ausbreitung von 10–20 cm. An einen sonnigen Platz mit gutem Wasserhaltevermögen pflanzen. Ältere Horste im Frühling oder Herbst teilen. Blüten und Halme für Salate und Suppen verwenden. Nicht mitkochen – durch Erhitzen geht das Aroma verloren.

Allium tuberosum
Schnittknoblauch
Winterharte Staude mit ca. 40 cm Höhe. Die Halme ähneln Schnittlauch, sind aber abgeflacht und haben ein intensives Knoblaucharoma. Im Spätfrühling an Ort und Stelle säen, ältere Horste im Frühling teilen. Für Salate und gekochte Gerichte geeignet.

Aloe barbadensis
Aloe
Frostempfindliche, mehrjährige Sukkulente mit fleischigen Blättern mit stacheli

gen Rändern. Kann in großen Kübeln bis zu 60 cm groß werden, bleibt aber meist kleiner. Im Frühling in Töpfen in einem beheizten Anzuchtkasten aussäen. Die Samen keimen unregelmäßig, manchmal erst nach mehr als einem Jahr. Ableger können im Sommer abgenommen werden. In ein Erdsubstrat mit Sandzusatz pflanzen. Sparsam wässern und im Frühling umtopfen. Im Sommer können die Pflanzen im Freien stehen, müssen aber bei mindestens 5° C überwintert werden. Der gelartige Saft der Blätter beruhigt Verbrennungen und kleine Verletzungen und wird auch für Kosmetika verarbeitet.

Aloysia triphylla
syn. Lippia citriodora
Zitronenverbene
Frostempfindliche, sommergrüne Staude. Höhe bis 3 m, Ausbreitung bis 2,5 m. Hellgrüne, lanzettliche Blätter mit Zitronenduft, endständige Blütenstände mit lila-weißlichen Blüten. Bevorzugt volle Sonne und leichten, durchlässigen Boden. Im Garten vor eine sonnige Wand pflanzen und vor Frost schützen. In milderen Gegenden reicht eine dicke Mulchschicht aus. In kühleren Regionen in einen Kübel pflanzen und in einem frostfreien Gewächshaus überwintern. Vermehrung durch Samen oder krautige Stecklinge im

Frühling. Holzige Stecklinge werden im Spätsommer geschnitten. Aus den Blättern kann man einen entspannenden Aufguss bereiten. Auch geeignet zum Aromatisieren von Essig oder getrocknet für Potpourris und Kräuterkissen.

Anethum graveolens
Dill
Einjährige mit variabler Höhe zwischen 60 cm und 1,5 m. Einige Sorten produzieren vorwiegend Samen, andere hauptsächlich Blätter. Dill braucht sehr durchlässigen, salthaltigen Boden und viel Sonne. Sobald sich der Boden im Frühling erwärmt hat, in Reihen an Ort und Stelle säen. Später auf Abstände von 20 cm ausdünnen, damit die Pflanzen kräftig werden. Jeden Morgen gießen.

Angelica archangelica
Angelika, Engelswurz
Zweijährige oder kurzlebige Staude, die nach der Blüte abstirbt. Wird meist 1–1,5 m hoch, gelegentlich bis zu 2,5 m. Gute Zierpflanze für ein Kräuterbeet im Halbschatten. Sät sich reichlich selbst aus. Kocht man Rhabarber mit Angelika, erübrigt sich die Zuckerzugabe. Die Stiele können kandiert werden. Medizinische Anwendung nur auf ärztlichen Rat. Für Diabetiker ungeeignet.

Cicgorium intybus
Wegwarte

Coriandrum Sativum
Koriander

Helichrysum italicum
Currykraut

Anthriscus cerefolium
Kerbel
Winterharte Einjährige mit 30–60 cm Höhe in der Blüte. In leichten Boden säen. Im Halbschatten die beste Laubbildung. Geht bei Hitze und Trockenheit verfrüht in Saat. Bestandteil der traditionellen Mischung *fines herbes*.

Armoraica rusticana
Meerrettich
Winterharte Staude von 60–90 cm Höhe. *A. r.* 'Variegata' hat interessante, grün-cremeweiß panaschierte Blätter und eignet sich gut als Blickfang für den Kräutergarten, wenngleich das Aroma schwächer ist als beim einfarbig grünen Typ. Meerrettich neigt zum Wuchern.

Artemisia dranunculus
Estragon
Französischer Estragon wird etwa 90 cm hoch, russischer Estragon (*A. dranunculoides*) erreicht ca. 1,20 m. Beide haben eine Ausbreitung von 45 cm. An einen trockenen, sonnigen Platz pflanzen und vor Frost schützen. Französischer Estragon wird durch Wurzelstecklinge vermehrt. Er ist weniger frosthart als russischer und produziert keine verwertbaren Samen. Estragon passt gut zu Fisch und Geflügel.

Atriplex hortensis
Gartenmelde
Einjähriges Zier- und Küchenkraut mit 1,5 m Höhe und 30 cm Ausbreitung. Je nach Bodenqualität kann Melde auch höher werden. Die Samenstände werden gelegentlich in der Floristik verwendet. Die jungen Blätter können wie Spinat zubereitet werden und sind vor allem in Europa beliebt.

Barbarea verna
Frühlings-Barbarakraut
Winterharte Zweijährige mit 20–70 cm Höhe und 20 cm Ausbreitung. In nahrhaften feuchten Boden säen – Sommeraussaat für die Winterernte, Frühlingsaussaat für die Sommerernte. Bevorzugt Sonne, gedeiht aber auch im lichten Schatten. Mit dem pfeffrigen Aroma eignen sich die Blätter gut als Ersatz für Kresse im Salat. Vor der Blüte verwenden.

Borago officinalis
Borretsch
Winterharte Einjährige mit 60 cm Höhe. Gelegentlich überwintern die Pflanzen und treiben im folgenden Jahr erneut aus. Borstige Stiele und Blätter mit charakteristischem Gurken-Geruch. Blaue oder weiße Sternblüten. Bevorzugt leichten Boden in sonniger Lage. Die essbaren Blüten können kandiert und als Dekoration verwendet oder frisch an Obstdesserts gegeben werden. Berührung der Blätter kann Hautreizungen verursachen.

Buxus sempervirens
Buchsbaum
Winterharter oder bedingt winterharter Strauch, der gern als Einfassung für Kräuterbeete verwendet wird. Alte, unbeschnittene Exemplare können mehr als 5 m hoch werden. Die Blätter haben eine Ei- oder Ellipsenform und sind meist glänzend dunkel- oder mittelgrün. Es gibt auch panaschierte Zuchtformen. Buchsbaum gedeiht in Sonne und Schatten. Er bevorzugt alkalischen Boden, ist aber wenig anspruchsvoll. Nur Staunässe verträgt er nicht. Bei der Heckenpflanzung den Boden mit Kompost oder verrottetem Stallmist anreichern. Stecklinge im Frühling oder Sommer schneiden. Buchsbaum enthält in allen Teilen Giftstoffe. In der Küche spielt er keine Rolle, wurde aber in der traditionellen Heilkunde verwendet.

Calendula officinalis
Ringelblume
Winterharte Einjährige, gelegentlich überwintern die Pflanzen auch. Höhe bis 60 cm. Einfache oder gefüllte Strahlenblüten in allen Schattierungen von Cremeweiß bis Orange. Die ganze Pflanze ist aromatisch. Gedeiht in jedem Boden in voller Sonne. Im Frühling oder Herbst säen. Selbst ausgesäte Sämlinge können an geschützten Standorten im Freien gelegentlich, aber nicht zuverlässig überwintern. Um die Neubildung von Blüten anzuregen, Verwelktes regelmäßig entfernen. Würz- und Heilpflanze, auch für kosmetische Rezepturen verwendet. Getrocknete Blütenblätter sehen in Potpourris hübsch aus.

Chamaemelum nobile
Kamille
Höhe je nach Sorte zwischen 6 und 60 cm. Die nicht blühende englische Rasenkamille (*C. n.* 'Treneague') wird durch Teilung oder Stecklinge vermehrt, ebenso die gefüllten Sorten. Alle übrigen im Frühling in Töpfe oder direkt ins Beet säen, sobald der Boden erwärmt ist. Bevorzugt durchlässigen Boden in sonniger Lage. Verwendung hauptsächlich in der Medizin und Kosmetik.

Chenopodium bonus-henricus
Gänsefuß, Guter Heinrich
Staude von 60 cm Höhe und 45 cm Ausbreitung. Im Frühling an einem sonnigen Platz in fruchtbarem Boden säen und später auf 25 cm ausdünnen. Die Blätter wie Spinat zubereiten. Die Samen haben schwach abführende Wirkung. Nicht bei Rheumatismus oder Nierenbeschwerden verwenden.

Cichorium intybus
Gewöhnliche Wegwarte
Winterharte Staude, in der Blüte bis 1 m hoch. Lange, abgestumpft speerförmige Blätter mit gezahnten Rändern. Blaue Blüten vom Sommer bis Herbst. Im Frühling in offener Lage aussäen. Bevorzugt alkalischen Boden, gedeiht aber fast überall. Die Blätter gibt man an Salate.

Coriandrum sativum
Koriander
Frostempfindliche Einjährige mit einer Höhe von 60–70 cm und einer Ausbreitung von 30 cm. C. s. 'Cilantro' produziert reichlich Laub, C. s. 'Morocco' hauptsächlich Samen. Im Frühling, wenn keine Frostgefahr mehr besteht und der Boden sich erwärmt hat, in leichten, durchlässigen Boden säen. Die Sämlinge ausdünnen und regelmäßig gießen, aber nicht zu viel Wasser geben. Samen und Blätter werden in der Küche und der Heilkunde verwendet.

Curcuma longa
Kurkuma, Gelbwurz
Tropische, mehrjährige Pflanze, Verwandte des Ingwer. Kann in gemäßigten Regionen im Kübel gehalten werden, braucht

aber Winterschutz. In eine Erd-Torfmischung mit einem Zusatz von Kies oder Sand pflanzen. Braucht warm-feuchte Bedingungen, verträgt aber keine Staunässe. Die getrocknete Wurzel wird gerieben und in der Küche und der Heilkunde verwendet.

Cymbopogon citratus
Zitronengras, Lemongras
Mehrjähriges, tropisches Gras mit intensivem Zitronenduft, das im Gewächshaus 60–90 cm hoch wird. In Töpfen aus Samen oder Ablegern ziehen. In eine Erd-Torfmischung mit einem Zusatz von Sand zur Verbesserung der Drainage pflanzen. Nicht zu nass halten. Bevorzugt gleichmäßig warmes Klima. Das Gießen reduzieren oder ganz einstellen, wenn es längere Zeit bedeckt ist.

Dianthus species
Nelke
Höhe je nach Sorte zwischen 15 cm und 60 cm. Vermehrung durch krautige Stecklinge im Frühling oder Seitentriebe mit Stängelansatz im Spätsommer. Einige ältere Zuchtsorten müssen direkt nach der Blüte vermehrt werden, können aber auch geteilt werden. In volle Sonne in durchlässigen, mageren Boden pflanzen. Auch für den Steingarten geeignet. Die Blütenblätter finden in Küche und Medizin Verwendung. Getrocknete Blüten kann man in Duftsäckchen geben.

Echinacea purpurea
Roter Sonnenhut
Winterharte Staude mit 1,20 m Höhe. Im zeitigen Frühling in Töpfe im Gewächshaus oder Anzuchtkasten aussäen oder ältere

Pflanzen im Frühling oder Herbst teilen und ins Beet oder in den Kräutergarten pflanzen. Bevorzugt Sonne und durchlässigen Boden mit gutem Wasserhaltevermögen. Sonnenhut stärkt das Immunsystem und unterstützt so die Abwehr von Krankheiten. Er wird in der Medizin verwendet. Es gibt einige sehr dekorative Zuchtformen.

Eruca versicaria
Rauke, Rucola
Bedingt frostharte Einjährige mit 60–90 cm Höhe. Die Blätter sind oval oder lanzettlich, die Blüten weißlich mit dunklerer Äderung. Vom Frühling an im Halbschatten in Boden mit gutem Wasserhaltevermögen säen. Herbstaussaat für die Winterernte. Bei Frost mit einer Glocke abdecken. Bei starkem Frost erfriert Rauke, in milden Gegenden kann man sie aber oft den ganzen Winter lang ernten. Gibt Salaten und kalten Gerichten ein pfeffriges Aroma.

Eucalyptus citriodora
Eukalyptus
Frostempfindlicher, immergrüner Baum, der in seinem natürlichen Lebensraum über 30 m hoch wird. Gute Duftpflanze für den Wintergarten, die den Sommer auch auf der Terrasse verbringen kann. Im Winter oder Frühling aussäen. Kübelpflanzen während der Wachstumsperiode düngen. Wird in der Kosmetik und der Pharmazie verwendet.

Foeniculum vulgare
Fenchel
Kurzlebige Staude mit bis zu 2,1 m Höhe und 45 cm Ausbreitung. Wird am besten direkt an Ort und Stelle gesät. Bekanntes Küchen-

und Heilkraut, doch ist vor allem die bronzefarbene Form auch sehr dekorativ. Im Sommer erscheinen schirmförmige Blütenstände mit gelben Blüten.

Fragaria vesca
Walderdbeere
Winterharte Staude mit 15–30 cm Höhe. Die Blätter sind geteilt und haben stark gezahnte Ränder. Weiße Blüten und süße, duftende Früchte in Weiß oder Rot. Im Spätwinter oder zeitigen Frühling in Töpfe im Gewächshaus säen oder ältere Pflanzen nach der Ernte teilen. Bevorzugt nahrhaften, feuchten Boden in sonniger oder halbschattiger Lage.

Galium odoratum
syn. Asperula odorata
Waldmeister
Winterharte Staude mit 20 cm Höhe und unbegrenzter Ausbreitung (neigt zum Wuchern). Die ganze Pflanze ist aromatisch. Die mittelgrünen Blätter stehen in Wirteln. Im Spätfrühling oder Frühsommer erscheinen weiße Sternblüten. Waldmeister gedeiht im tiefen Schatten. Aussaat oder Vermehrung durch Wurzelteilstücke ist fast jederzeit möglich, am besten jedoch nach der Blüte. Die Pflanze zurückschneiden und kurze Wurzelteilstücke in Töpfe oder ein Anzuchtbeet pflanzen, danach gut wässern. Wächst am besten in alkalischem Boden unter Bäumen und Sträuchern. Waldmeister-Gelee gilt in manchen Gegenden als Delikatesse.

Helichrysum italicum
Currykraut, Strohblume
Winterharte, immergrüne Staude mit 60 cm Höhe und 1 m Ausbreitung. Schmale, silbrig behaarte

Blätter und gelbe Knopf-
blüten im Sommer. Die
ganze Pflanze duftet intensiv nach Curry. Wird selten
in der Küche verwendet, jedoch häufiger als Zierpflanze im Garten. Im Frühling
oder Herbst durch Stecklinge vermehren. In durchlässigen Boden in voller Sonne
pflanzen. Bei anhaltender,
feuchtkalter Witterung
kann die Pflanze absterben.
In Regionen mit nasskalten
Wintern sollte man sie im
Kübel halten und im kalten
Gewächshaus überwintern.

Humulus lupulus
Hopfen
Winterharte, kletternde
Staude mit bis zu 6 m Hö-
he. Männliche und weibli-
che Blüten an getrennten
Pflanzen. Nur weibliche
Pflanzen tragen die dekorativen »Zapfen«. Die jungen
Blätter sind herzförmig, die
älteren drei- bis fünflappig.
Die ganze Pflanze ist mit
feinen Widerhaken besetzt.
Im Herbst in Töpfe säen
und im kalten Frühbeet
überwintern. Weibliche
Pflanzen durch Stecklinge
im Frühsommer oder durch
Teilung im zeitigen Frühling
vermehren.

Hyssopus officinalis
Ysop
Winterharte, halb immer-
grüne Staude mit bis zu
80 cm Höhe während der
Blüte. Schmale, duftende
Blätter und – je nach Sorte
– Blüten in Blau, Rosa oder
Weiß. H. o. ssp. aristatus ist
eine kleinwüchsige Form
mit intensiv blauen Blüten,
die sich gut für Steingärten
und Kübel eignet. In durch-
schnittlichen, durchlässigen
Boden in voller Sonne setzen. Pflanzen in Kübeln, die
mehrere Jahre nicht umge-
topft werden, müssen wäh-
rend des Wachstums mit

Dünger versorgt werden.
Im Frühling in Torf-Quell-
töpfen in einem beheizten
Anzuchtkasten aussäen. Im
späten Frühling oder Frühsommer von nicht blühen-
den Trieben Stecklinge
schneiden. Kann auch di-
rekt an Ort und Stelle ausgesät werden. Zur Hecken-
gestaltung ausdünnen.
Küchen- und Heilpflanze.
Zu therapeutischen Zwe-
cken nur auf ärztlichen Rat
verwenden.

Juniperus communis
Wacholder
Langsam wachsender, im-
mergrüner, winterharter
Baum oder Strauch, bis zu
4 m Höhe. Schmale, spitze
Nadeln. Die ganze Pflanze
ist aromatisch. Im Herbst in
Töpfe säen und im kalten
Frühbeet oder kalten Ge-
wächshaus überwintern. Im
Frühling oder Herbst Stecklinge schneiden. Wach-
olderbeeren bei Nierenbe-
schwerden und während
der Schwangerschaft nicht
verwenden.

Laurus nobilis
Lorbeer
Baum oder Strauch mit bis
zu 8 m Höhe und 3 m
Ausbreitung, gelegentlich
mehr. Am besten ein grö-
ßeres Exemplar kaufen und
überzählige Blätter für
Bouquet garni oder zum
Würzen von Essig und Öl
verwenden. Die Blätter
frisch pflücken und einige
in einem Schraubglas auf-
bewahren.

Lavandula species
Lavendel
Winterharter oder bedingt
winterharter immergrüner
Strauch, Höhe je nach Sorte
zwischen 30 und 90 cm.
Eine der beliebtesten Gar-
tenpflanzen. Alle Arten und
Zuchtsorten bevorzugen

einen offenen, sonnigen
Standort mit nahrhaftem,
durchlässigem Boden. Im
Herbst oder Frühling in
einem Anzuchtkasten aus-
säen. Herbstaussaat im kalten Frühbeet überwintern.
Die Keimung erfolgt meist
unregelmäßig, ausgenom-
men L. stoechas. Nach der
Blüte die verwelkten Stiele
abschneiden, im Frühling in
Form schneiden. Die Blätter
sind schmal, die Blüten
meist bläulich-violett, blass
blau oder dunkelblau.
Küchen- und Heilkraut,
Destillate werden auch in
der Kosmetik verwendet.

Levisticum officinale
Liebstöckel
Winterharte Staude. Höhe
bis 2 m, Ausbreitung 1 m
oder mehr. Gedeiht in nahr-
haftem, feuchtem, durch-
lässigem Boden in voller
Sonne oder Halbschatten.
Im Herbst an Ort und Stelle
oder im Frühling im Haus in
Töpfen säen. Die jungen
Blätter für Suppen und
Salate verwenden. Vor der
Blüte ist das Aroma besser.
Nicht bei Nierenbeschwer-
den oder während der
Schwangerschaft verwen-
den.

Lonicera species
Geißblatt, Je-länger-je-
lieber
L. periclymenum ist eine
sommergrüne, kletternde
Staude, die bis 7 m hoch
wird. Aus den duftenden,
rot-gelben Blüten entwi-
ckeln sich giftige, rote
Beeren. L. japonica ist eine
halb-immergrüne Pflanze,
die bis 10 m hoch klettert.
Die cremefarbenen Blüten
verfärben sich später gelb-
lich. Ihnen folgen schwarze,
ebenfalls giftige Beeren. Im
Herbst in Töpfe säen und
im kalten Frühbeet über-
wintern. Im Sommer

Stecklinge schneiden oder
ganzjährig durch Senker
vermehren. Gedeiht in allen
Böden in der Sonne und im
Halbschatten.

Malva sylvestris
Malve
Zweijährige oder kurzlebige
Staude, die je nach Sorte
bis 1,5 m hoch werden
kann. Grundständige Ro-
sette aus großen Blättern,
deren Form an Frauenman-
tel (Alchemilla mollis) erinnert. Die Blätter am Stiel
sind tief eingeschnitten
oder efeuförmig. Malven
gedeihen in jedem Boden,
müssen in sehr feuchtem
Boden aber gestützt wer-
den. Ideal ist fruchtbarer
Boden und Sonne oder
Halbschatten. Im Herbst
säen und im kalten Früh-
beet überwintern. Aussaat
an Ort und Stelle ist ebenfalls möglich. Wird in der
Küche verwendet.

Melissa officinalis
Zitronenmelisse
Winterharte Staude von
etwa 80 cm Höhe. Die
goldblättrige Form M. o.
'All Gold' braucht einen
Frostschutz, etwa eine
dicke Mulchschicht, die mit
einer Glocke fixiert wird.
'All Gold' verträgt keine
pralle Sonne, sonst ver-
brennt sie. Die goldblättrigen und panaschierten
Formen sind sehr dekorativ.
Alle Melissen sind gute Bie-
nenweide-Pflanzen. Durch
Stecklinge oder Teilung im
Herbst oder Frühling ver-
mehren. Nicht mitkochen,
sonst geht das Zitronen-
aroma verloren.

Mentha
Minze
Große Gattung mit Arten in
verschiedenen Höhen, einige mit kriechendem Wuchs.
Minze breitet sich durch

unterirdische Ausläufer aus und neigt zum Wuchern. Die Blätter der verschiedenen Arten haben unterschiedliche Duftrichtungen. Die meisten Arten gedeihen gut im Halbschatten oder Schatten. Weil sie schnell ein Beet überwuchern, sind sie im Kübel besser aufgehoben. Im Hochsommer zurückschneiden, um den Neuaustrieb anzuregen. Küchen- und Heilkraut. Minzöl kann allergische Reaktionen auslösen. Für Säuglinge und Kleinkinder nicht geeignet.

Monarda didyma
Bergamotte, Indianernessel
Winterharte Staude, die je nach Sorte 45–90 cm Höhe und 45 cm Ausbreitung erreicht. Elliptische, zugespitzte Blätter, gelegentlich gezahnt. Die runden Blüten sind blass violett, rot, weiß, rosa und violett. Die Zuchtsorten müssen durch Teilung oder Stecklinge vermehrt werden. Die Urform kann in Anzuchtkasten ausgesät werden. In nahrhaften, feuchten Boden im Halbschatten pflanzen. Gedeiht auch in der Sonne, wenn der Boden reichlich Feuchtigkeit speichert. Wird wegen der Blüten meist als Zierstaude kultiviert, kann aber als Küchen- und Heilpflanze verwendet werden.

Myrrhis odorata
Süßdolde
Winterharte Staude mit 60 cm Höhe, in der Blüte bis 90 cm. Die Blätter erinnern an Farn. Schirmförmige Blütenstände mit kleinen, weißen Blüten. Die Samen müssen stratifiziert werden, darum ich Töpfe säen und im kalten Frühbeet überwintern.

Vermehrung im Frühling oder Herbst durch Wurzelstecklinge und im Frühling durch Teilung. Gedeiht am besten in magerem Boden mit guter Drainage. Die Blüten abschneiden, ehe sie Samen bilden.

Myrtus communis
Myrte
Bedingt winterharter, immergrüner Strauch von bis zu 3 m Höhe. Alle Teile sind aromatisch. In Regionen mit kalten, feuchten Wintern in Kübel pflanzen und im Wintergarten oder im kalten Gewächshaus überwintern. In milderen Regionen reicht ein Schutz vor zu viel Nässe aus. Benötigt durchlässigen Boden in voller Sonne. Im Kübel Erdsubstrate mit Sand oder Kies vermischen. Vermehrung durch krautige Stecklinge im Frühling oder durch halb verholzte Stecklinge im Spätsommer.

Ocimum basilicum
Basilikum
In Nordeuropa wird Basilikum meist in Kübeln kultiviert. Es wird 45 cm hoch bei einer Ausbreitung von 30 cm. Im Mittelmeerraum wächst es im Beet und erreicht mindestens die doppelten Ausmaße. Im Frühling nachdem Frost an Ort und Stelle säen oder zeitiger in Töpfen in einem warmen Gewächshaus oder Anzuchtkasten. Sobald die Pflanzen groß genug sind, werden sie umgepflanzt. Nicht zu reichlich gießen. Wunderbar für Salate, Pesto und Nudelgerichte.

Oenothera biennis
Nachtkerze
Winterharte Zweijährige mit 1,2 m Höhe. Die lanzettlichen Blätter bilden im ersten Jahr eine grundstän-

dige Rosette. Im zweiten Jahr bildet sich der Blütenstiel mit großen, gelben Blüten, die am Abend duften. Im Frühling in Torftöpfe oder an Ort und Stelle säen. Bevorzugt durchlässigen Boden und volle Sonne. Sät sich reichlich selbst aus. Hauptsächlich eine Heilpflanze, man kann jedoch alle Teile auch dünsten und essen.

Origanum vulgare
Oregano
Die verschiedenen Arten und Sorten sind in leichtem Boden meist winterhart und erreichen eine Höhe und Ausbreitung von 60 cm. Aussaat im Frühling in Töpfen im Anzuchtkasten oder am Ort und Stelle in durchlässigen, alkalischen Boden. Bevorzugt volle Sonne, verträgt keine Staunässe. Zuchtsorten bilden keine farbtreuen Samen und sollten durch Stecklinge im Spätfrühling vermehrt werden. Im Frühling können die Pflanzen auch geteilt werden. Bedeutendes Würzkraut. Heiße Thymianbäder fördern die Entspannung. Einige Tropfen Thymianöl auf dem Kopfkissen erleichtern das Einschlafen.

Papaver somniferum
Schlafmohn
Winterharte Einjährige mit 90 cm Höhe. Bei Aussaat im Winter frühe Blüte und Samenbildung, bei Aussaat im Frühling spätere Blüte. Aussaat in nahrhaften, durchlässigen Boden an Ort und Stelle, bei Bedarf ausdünnen. Die Samen werden für Gebäck und Salate verwendet, andere Teile in der Pharmazie. Der Anbau von Schlafmohn ist in Deutschland genehmigungspflichtig.

Pelargonium species
Duftblattpelargonie
Frostempfindlicher, immergrüner Strauch, der je nach Sorte zwischen 30 cm und 1 m hoch wird. Manche Arten lassen sich durch Samen vermehren, einfacher ist jedoch die Vermehrung durch Stecklinge. Zuchtsorten können nur durch Stecklinge vermehrt werden. Ins Beet an einen sonnigen Platz mit guter Drainage pflanzen. Im Herbst ausgraben, in Töpfe pflanzen, frostfrei überwintern und minimal gießen. Die ätherischen Öle werden in der Aromatherapie eingesetzt. Die duftenden Blätter werden auch zum Parfümieren von Gebäck und Süßspeisen verwendet, sollten aber vor dem Servieren entfernt werden.

Perilla frutescens
Schwarznessel
Frostempfindliche Einjährige, die sich auch als Zierpflanze gut eignet. Die höhere, violette Form wird bis 90 cm hoch. Die Blätter ähneln der Brennnessel, sind aber auch mit dem »gekräuselten« Basilikum leicht zu verwechseln. Im Gewächshaus oder Anzuchtkasten aussäen und nach der Frostgefahr auspflanzen. Bevorzugt leichten, durchlässigen Boden in voller Sonne oder Halbschatten. Wird ähnlich behandelt wie Basilikum, verträgt Kälte aber besser.

Petroselinum crispum
Petersilie
Winterharte Zweijährige mit 30 cm Höhe, während der Blüte bis 60 cm. Im zweiten Jahr grünlich-weiße Blüten. Verschiedene Sorten mit gekräuselten und glatten Blättern. Alle eignen sich gut für Salate und war-

me Speisen. In manchen Ländern kaut man die Samen zur Verhinderung von Mundgeruch. Besitzt auch Heilwirkung, soll jedoch nicht während der Schwangerschaft verwendet werden.

Pimpinella anisum
Anis

Frostempfindliche Einjährige mit 45 cm Höhe und 25 cm Ausbreitung. Nach dem Frost in leichten, durchlässigen Boden in sonniger Lage säen. Nicht verpflanzen, aber auf Abstände von 20 cm ausdünnen. Die Samen im Spätsommer ernten, wenn sie zu reifen beginnen, und in Papiertüten trocknen lassen. Als Gewürz für Obstspeisen und Rezepte aus dem Mittleren Osten verwenden.

Portulaca oleracea
Gemüseportulak

Frostempfindliche Einjährige mit 15 cm Höhe und 30 cm Ausbreitung. Grüne oder goldgelbe Blätter. Im Haus vorziehen und auspflanzen oder nach dem Frost in Reihen an einen sonnigen Platz säen. Ausdünnen und jung ernten. Die milden Blätter passen gut in Salate und ergänzen Blattgemüse mit intensiverem Aroma.

Primula vulgaris
Schlüsselblume

Staude mit 15 cm Höhe und Ausbreitung, blüht im Frühling. Keulenförmige Blätter bilden eine grundständige Rosette. Darüber erheben sich hell gelbe Blüten mit intensivem Honigduft. Gedeiht in feuchtem Boden in sonniger und schattiger Lage, verträgt auch schwere Böden. Im Herbst in Töpfe säen und im kalten Frühbeet überwintern. Im Herbst teilen. Küchen- und Heilkraut.

Rosa species
Rose

Altmodische Rosen, vor allem die Apothekerrose R. gallica 'Officinalis', waren früher in vielen Kräutergärten zu finden. Biegsame, überhängende Triebe. Die duftenden Blütenblätter werden für Kosmetika, als Aromastoff und für Potpourris verwendet.

Rosmarinus officinalis
Rosmarin

Viele Zuchtformen, darunter kriechende und aufrechte Sorten. Die kriechenden Formen werden bis 30 cm hoch. Die größte Sorte erreicht bis zu 2 m Höhe und Ausbreitung. R. officinalis kann man aus Samen ziehen, Zuchtformen müssen durch halb verholzte Stecklinge im Spätsommer oder durch Senker vermehrt werden. Braucht durchlässigen Boden und einen sonnigen Platz, gedeiht auch gut im Kübel. Verwendung in der Küche, der Heilkunde und der Kosmetik. In der Schwangerschaft nicht verwenden. Ätherische Öle nicht einnehmen.

Rumex acetosa
Sauerampfer

Sauerampfer und Schildsauerampfer (R. scutatus) sind nützliche Gartenpflanzen. Schildsauerampfer wird 15–4 cm hoch und hat eine Ausbreitung von 12–60 cm. Gemeiner Sauerampfer ist eine winterharte Staude mit 60–120 cm Höhe und einer Ausbreitung von 30 cm. Ab Februar in einem Anzuchtkasten aussäen, später im Jahr an Ort und Stelle. Im Herbst oder Frühling teilen. Ein beliebtes Küchenkraut, auch für Heilzwecke verwendet. In Kombination mit Alaun zur Herstellung von grünen

und gelben Farbstoffen. Enthält Oxalsäure und ist in hohen Dosen giftig. Personen mit Nierenbeschwerden, Gicht, Nierensteinen oder Rheumatismus sollten Ampfer nicht essen.

Salvia officinalis
Salbei

Höhe und Ausbreitung variieren je nach Sorte, maximal etwa 90 cm hoch und 70 cm breit. Die violetten, goldblättrigen und panaschierten Sorten sind sehr dekorativ und auch als Küchenkräuter geeignet. Ideale Kübelpflanze für eine sonnige Terrasse. Nicht alle Sorten sind winterhart. S. elegans (Blätter mit Ananasduft) muss frostfrei überwintert werden. Vermehrung durch Stecklinge im Frühling und Sommer. Wenn die Pflanzen stark verholzen, sollten sie ersetzt werden. In leichten Boden in sonniger Lage pflanzen. Die Blätter an Potpourris geben.

Sambucus nigra
Schwarzer Holunder

Sommergrüner, winterharter Strauch oder Baum. Höhe 3–7 m, Ausbreitung bis zu 3,5 m. Dekorativ in Beeten und Wildpflanzen-Hecken. Die Früchte können nur gekocht genossen werden. Blüten in Teig tunken und ausbacken oder für Holunderblütensekt verwenden. Heißer Holunderbeersaft und Holunderbeerlikör wird gegen die Symptome von Erkältungen getrunken.

Sanguisorba minor
Kleiner Wiesenknopf

Winterharte, immergrüne Staude, Höhe 20–60 cm, Ausbreitung 30 cm. Im Frühling oder Herbst säen, welke Blüten regelmäßig

entfernen. Küchen- und Heilkraut, in der Küche leider viel zu selten verwendet. Der Geschmack erinnert an Gurke und passt gut zu Fisch, Käse und Salaten. Liefert vor allem in Winter wertvolle, frische Vitamine.

Saponaria officinalis
Seifenkraut

Winterharte Staude mit geschmeidigen, hängenden Trieben von 90 cm Länge und mehr. Lanzettliche bis ovale Blätter und Gruppen von rosa Blüten. Die Sorte S. o. 'Rubra Plena' hat gefüllte Blüten, die zuerst rosa sind und sich dann rot verfärben. Neigt zum Wuchern. Die Samen im Herbst, sobald sie reif sind, im kalten Frühbeet säen. Die Keimung erfolgt unregelmäßig, Sämlinge werden meist im Frühling sichtbar. Die Wurzel kann im Herbst oder zeitigen Frühjahr geteilt werden. Früher als Heilkraut, für Kosmetika und als Zutat für Seifen verwendet.

Satureja hortensis
Bohnenkraut

Bedingt winterharte Einjährige mit 30 cm Höhe (während der Blüte) und 20 cm Ausbreitung. Wächst buschiger, wenn die Triebspitzen regelmäßig geerntet werden. Nach dem Frost an Ort und Stelle säen oder im Haus vorziehen und auspflanzen, wenn sich der Boden erwärmt hat. Alle Teile der Pflanze sind aromatisch. Die Blätter verwerten, ehe Blüten erscheinen. Wird für alle Bohnengerichte verwendet.

Satureja montana
Bergbohnenkraut

Halbimmergrüne, winterharte Staude mit 30 cm Höhe und 30 cm Ausbreitung, bei optimalen Bedingungen auch mehr. Schmale, lanzettliche Blätter, weiße Blüten. Die ganze Pflanze ist sehr aromatisch. Bevorzugt volle Sonne und durchlässigen, mageren Boden. Im Frühling Stecklinge schneiden oder im zeitigen Frühling im Anzuchtkasten oder im Gewächshaus aussäen. Die Samen brauchen zur Keimung Licht. In Gegenden mit schwerem Boden und viel Regen die Pflanzen in Töpfen überwintern und kaum gießen. Für Suppen, Wild und andere herzhafte Gerichte.

Sesame indicum
Sesam
Einjähriges, tropisches Kraut mit 60–90 cm Höhe. Braucht lange, heiße Sommer, um die nussig schmeckenden Samen zu bilden. Die Samen ernten, ehe die Kapseln aufplatzen. Nach dem letzten Frost aussäen, in kühlen Gegenden im Haus ziehen. Um die Vegetationsperiode zu verlängern, die Samen in einem geheizten Anzuchtkasten aussäen. Blätter und Samen werden in der Küche verwendet.

Symphytum officinale
Beinwell
Winterharte Staude mit bis zu 1 m Höhe. Lanzettliche, behaarte Blätter und je nach Sorte Blüten in Cremeweiß, Gelb, bläulichem Violett, Rosa oder Rot. Im Frühling ins Freiland säen, die Samen keimen unregelmäßig. Sinnvoller ist die Vermehrung durch Wurzelstecklinge oder Teilung. Gedeiht in voller Sonne oder Halbschatten in tiefgründigem, feuchtem Boden. Im organischen Gartenbau zur Herstellung von Flüssigdünger verwendet.

Tanacetum parthenium
Rainfarn
Winterharte, kurzlebige Staude. Höhe zwischen 60 und 120 cm. Der goldene Rainfarn *T. c.* 'Aureum' wird in der Blüte nur etwa 45 cm hoch. Gedeiht in nahrhaftem Boden in voller Sonne. Welke Blüten häufig entfernen. Im Frühling oder Frühherbst säen. Pflanzen der Herbstaussaat im kalten Frühbeet überwintern. Früher gegen Migräne verwendet, hat jedoch unangenehme Nebenwirkungen.

Taraxacum officinale
Löwenzahn
Winterharte Staude. Höhe während der Blüte etwa 25 cm. Lange, stark gezahnte Blätter bilden eine grundständige Rosette. Leuchtend gelbe Blüten. Im Frühling in Töpfe oder direkt ins Freiland säen. Vermehrung auch durch Wurzelstecklinge möglich. Die Blätter gibt man in Salate. Einige Monate mit Blumentöpfen abdecken, um die Blätter zu bleichen, damit sie milder schmecken.

Thymus species
Thymian
Viele Arten, einige aufrecht, andere kriechend. Kriechende Sorten haben eine Höhe von 3 cm und eine Ausbreitung von 20 cm und mehr. Strauchige Sorten erreichen 30 cm Höhe und 20 cm Ausbreitung. Kriechthymian eignet sich gut als Bodendecker und für Duftrasen in voller Sonne. Die Urform kann man auf sandigen Boden aussäen, die Zuchtformen müssen durch Stecklinge vermehrt werden. Kriechthymian kann man auch teilen. Nach der Blüte die welken Blütenstände entfernen. Die Pflanze eignet sich zum Würzen vieler

Speisen. Das Öl sollte aber nur auf ärztlichen Rat eingenommen werden. In der Schwangerschaft meiden.

Tropaeolum majus
Kapuzinerkresse
Frostempfindliche Einjährige. Viele Zuchtformen mit aufrechtem, kletterndem oder buschigem Wuchs. Höhe und Ausbreitung sind variabel. In der Regel beträgt die Höhe 30–40 cm, die Ausbreitung 1 m und mehr. *T. m.* 'Alaska' hat panaschierte Blätter und Blüten in Gelb, Orange und Rot. Gedeiht an sonnigen Plätzen auch auf magerem Boden bei guter Drainage. Bei zu reichlicher Nährstoff-versorgung fällt die Blüte schwach aus. Früh im Jahr in Töpfe säen oder nach dem Frost an Ort und Stel-le. Welke Blüten regelmäßig entfernen. Die voll geöffneten Blüten für Salate verwenden. Samen, Blüten und Blätter sind essbar, sollten aber sparsam dosiert werden.

Urtica dioica
Brennnessel
Winterharte Staude mit bis zu 1,5 m Höhe. In nahrhaften Boden kann sie während der Blüte noch höher werden. Pfeilförmige Blätter mit gezahnten Rändern und Härchen, die bei Berührung abbrechen. Wächst in Sonne und Schatten und in jedem Boden. Vermehrung durch Wurzelstecklinge. Wichtige Nahrungspflanze für Schmetterlingsraupen. Verwendung in der Küche, der Heilkunde, im organischen Gartenbau und als Färberpflanze.

Verbena officinalis
Verbene
Winterharte Staude, in der Blüte 60–90 cm hoch. Tief gelappte Blätter, hell violet-

te Blüten. Im Frühling in Töpfe oder an Ort und Stelle säen. Gedeiht in durchlässigem Boden in voller Sonne. Ältere Pflanzen im Frühling oder Herbst teilen. In der Schwangerschaft vermeiden.

Viola officinalis
Veilchen
Winterharte Staude, je nach Sorte bis 20 cm hoch. Herzförmige Blätter bilden eine grundständige Rosette. Duftenden Blüten in verschiedenen Farben. Hundsveilchen und Waldveilchen haben dunkelblaue oder violette Blüten. Im Herbst aussäen und im kalten Frühbeet überwintern. Von Zuchtsorten Stecklinge schneiden oder eine kräftige Pflan-ze im Frühling teilen. Gedeiht in mittelschwerem, nahrhaftem Boden. Die Blüten für Duftsäckchen und zum Parfümieren verwenden.

Viola tricolor
Hornveilchen, Wildes Stiefmütterchen
Winterharte Staude, oft einjährig kultiviert. Höhe etwa 30 cm. Mittelgrüne Blätter mit gewellten Rändern. Dreifarbige Blüten mit typischem »Gesicht«. Im Frühling in kalten Frühbeet aussäen. Gedeiht in feuchtem Boden in Sonne und Halbschatten. Küchen- und Heilkraut.

Zingiber officinale
Ingwer
Mehrjährige Tropenpflanze. Kann aus Rhizomstücken im Kübel gezogen werden. Benötigt eine Erd-Torf-mischung mit einem Zusatz von Sand und Kies. Im Sommer reichlich gießen, im Winter nur sparsam. Wird in der asiatischen Küche häufig verwendet.

Register

Bildnachweis und Danksagung

Legende: o = oben, u = unten, r = rechts, M = Mitte

1 & 3 l Linda Garman's House in London; 4–5 obere Reihe l & M; 32–35 Rosemary Titterington von Eden Croft Herbs, Staplehurst, Kent; o, 37 & 39 Rosemary Titterington von Eden Croft Herbs, Staplehurst, Kent; 40–41 Bruisyard Vineyard & Herb Centre, Bruisyard, Suffolk; 41 o Rosemary Titterington von Eden Croft Herbs, Staplehurst, Kent; 41 u © Jonathan Buckley; 42–43 Merryweather's Herbs in Herstmoncreux, East Sussex; 46 Rosemary Titterington von Eden Croft Herbs, Staplehurst, Kent; 47–48 Bruisyard Vineyard & Herb Centre, Bruisyard, Suffolk; 49 Rosemary Titterington von Eden Croft Herbs, Staplehurst, Kent; 52–53 Bruisyard Vineyard & Herb Centre, Bruisyard, Suffolk; 56–57 l Linda Garman's House in London; 58 o Rosanna Dickinsons Haus in London; 58 & 59 Mary MacCathys Haus in Norfolk; 60–61 Rosanna Dickinsons Haus in London; 64–65 l Linda Garman's House in London; 66–67 Linda Garman's House in London; 68 Mary MacCathys Haus in Norfolk; 70 r & 76 o Linda Garman's House in London; 76 u, 77 & 80 l Mary MacCathys Haus in Norfolk; 80 r Linda Garman's House in London; 81 Mary MacCathys Haus in Norfolk; 85–128 Rosanna Dickinsons Haus in London

Barbara Segall dankt Gisela Mirwis für die Recherche sowie Debbie Arden für das Zusammentragen von Adressen von Kräutergärtnereien und Saatgutanbietern. Rose Hammick dankt Carol Hammick und Adam Tindle für die Erlaubnis, Gewächshaus und Gemüsegarten zu benutzen, außerdem Claire Farrov und William Morris, Zosie von White & Gray, Victoria Robinson, Amanda und Sarah Vesey, Georgina Hammick, Katie Kudaz, Charlotte Packer, Clementine Yount und Ashley Western.

Der Herausgeber dankt folgenden Personen und Institutionen für die Bereitstellung von Informationen und die Erlaubnis zu fotografieren.

Bruisyard Vineyard & Herb Centre
Church Road, Bruisyard
Saxmundham, Suffolk IP17 2EF
0044-1728 638 281
Das 4 Hektar große Gelände umfasst einen Weingarten, eine Kelterei, einen Kräutergarten, einen Wassergarten, einen Kinderspielplatz und einen Picknickplatz. Erzeuger von preisgekrönten englischen Weinen und einer Auswahl von Kräutern
Seiten 40–41, 47, 48, 52–53.

Iden Croft Herbs
Staplehurst, Kent
0044-1580 891 432
Pflanzen, Sämereien, Schaugärten zu verschiedenen Themen, etwa Küchen- und Heilkräuter, Terrassenpflanzen, Bauerngarten, Duftpflanzen
Seiten 32–34, 36 o, 37, 39, 41 o, 46, 49

Mary MacCarthy
0044-1328 731 133
Dekorationsmalerei und Wandbilder
Seiten 58 u, 59, 68, 76 u, 77, 80 l, 81.

Merryweather's Herbs
Merryweather's Farm, Chilsham Lane
Herstmoncreux, East Sussex BN27 4QH
044-1323 833 316
Eigentümer Ian & Liz O'Halloran. Bemerkenswertes Projekt mit 2,2 Hektar Garten- und Naturgelände sowie kleiner Gärtnerei
Seiten 42–43